成功企业的密码

桑 柏 编著

金盾出版社

内容提要

本书从战略观、决策观、管理观、竞争观、营销观、人才观、创新观、资本观、危机观、文化观等10个方面破译成功企业的密码,深入分析它们的成功之处,探寻它们成功的秘诀。本书可供广大企业领导者、管理人员学习借鉴。

图书在版编目(CIP)数据

成功企业的密码/桑柏编著. -- 北京:金盾出版社,2012.1
 ISBN 978-7-5082-7226-9

Ⅰ.①成… Ⅱ.①桑… Ⅲ.①企业管理 Ⅳ.①F270

中国版本图书馆 CIP 数据核字(2011)第 202852 号

金盾出版社出版、总发行
北京太平路5号(地铁万寿路站往南)
邮政编码:100036 电话:68214039 83219215
传真:68276683 网址:www.jdcbs.cn
封面印刷:北京精美彩色印刷有限公司
正文印刷:北京三木印刷有限公司
装订:北京三木印刷有限公司
各地新华书店经销
开本:787×1092 1/16 印张:13.25 字数:207千字
2012年1月第1版第1次印刷
印数:1~6 000册 定价:30.00元

(凡购买金盾出版社的图书,如有缺页、
倒页、脱页者,本社发行部负责调换)

前 言

人们总是通过各种途径去寻找企业成功的方法,可有多少人能透过表象看到本质呢?比如,中国很多企业都在学习海尔、联想这些我们熟悉的企业的成功方法,可是又有几个能做到像海尔、联想那样的呢?这些成功的企业有哪些需要我们去破译的密码呢?

2000年,大学生创业高潮期间,在央视的专题节目中,时任联想总裁的柳传志认为联想之所以成功,并且还能够不断地取得新的成功,重要的原因就是坚持"夯土理论"——稳扎稳打,先撒上一层土,夯实之后,再撒上一层土夯实,然后再一步一步走。当时在场的大学生们大都不以为然,有的甚至讥讽柳传志"廉颇老矣",不适应网络时代和"新经济"的要求,该休息了。而如今,联想依然屹立,那些学生创业团队却已踪影难觅。

每一家企业都想成为百年企业,但成功的企业总是少数,成功企业的密码到底在哪里?通过深入分析和探寻,我们认为,成功企业的密码,就蕴藏于对以下10个方面问题的正确把握与处理之中。

一是占领战略高地。当今的商业世界在飞速发展,精明的竞争者都在抢占新领域,划分新领地,甚至制定新的游戏规则。作为企业的领导者一定要先占据战略高地,制定出科学的发展战略,制定有利于自己的游戏规则。

二是确保决策的科学性。决策尤其是战略决策关系到企业的成败。当今的市场环境,不确定性因素明显增多,竞争变得异常激烈。正确的决策,能给企业带来勃勃生机;错误的决策,能让一个企业陷入万劫不复的深渊。

三是让企业有序地发展。一个企业不可能没有任何问题。要想有序地发展,就需要在管理上下工夫,不断地去发现问题、解决问题,这就需要尊重员工,引进企业里的短缺元素,合理地授权等。只有处理好管理中的问题,才能确保企业永续经营和基业长青。

四是正确看待竞争。企业要想发展,竞争不可避免。然而,竞争不是像战场那样,两军厮杀,与对手拼个你死我活,其最高境界是寻求互惠共存之道,超越竞争对手,为自己开辟一个全新的领域和生存空间。

五是把营销做到位。做营销,要始终把客户放在首位,不断积累信誉、积累人心。你只有拥有了信誉、拥有了人心,才能拥有更多更好的机会,把自己的产品推销出去。

六是留住人才。一切企业行为,都是人的行为;一切竞争活动,归根到底都是对人的竞争。当今时代,早已不是资本原始积累的时代,资金、技术、产品有可能带给你暂时的成功,但只有拥有人才,才能最终将这些优势集中起来,使企业不断取得成功。因此,企业要发展壮大,关键在人才。

七是拥有最新技术。任何一个具有潜力的商品,都会遭遇同质化的竞争,让本来领先的企业也不得不在夹缝中生存。如果想让你的产品和别人的不一样,你必须不断地创新。

八是拥有足够的资本。资本永远是企业的命脉。如何融资,如何用别人的钱办自己的事情,这是值得每个企业关注的问题。同时,如何花最少的钱办更多的事情,也是值得每个企业深思的问题。

九是平稳度过危机。商业世界没有安全的孤岛,逆境和危机无所不在。面对变幻莫测的逆境和挑战,要保持足够的警惕,懂得化逆境为契机。不要在危机中自我毁灭,而要在危机中保存和壮大自己。

十是发展企业文化。一个成功的企业,一定是有着良好文化的企业,这样的文化在很多时候,会成为企业的一种精神,而这种精神本来就是一种强大的力量。可以说,谁拥有文化优势,谁就拥有竞争优势、效益优势和发展优势。

以上10点,只是从大的方面对成功企业的密码进行概括,在具体做法上,成功的企业还各有各的密码。本书试图在这10个方面的框架内,揭示成功企业的精妙之处,以供广大企业领导者、管理人员学习借鉴。

编著者

第一章 战略观：战略高地要占据

王老吉——要想强大首先定位 / 2

蒙牛——强大之前先跟随 / 4

微软——蚂蚁傍大象 / 6

巨人集团——以消费者心理为出发点 / 8

彩云红——企业最大的价值是品牌的价值 / 11

耐克——虚拟经营 / 15

嘉里粮油——金字塔式的多品牌战略 / 17

沃尔玛——竞争对手是最好的老师 / 21

微软——"我是标准"，游戏规则我来定 / 23

飞利浦、索尼——从竞争走向合作 / 26

通用电气——要做就做第一 / 28

诺基亚——集中优势兵力，才能成为第一 / 32

高露洁——寻找自己独一无二的特性 / 35

第二章 决策观：牵一发而动全身

肯德基——决策就是预测 / 41

大宇实业——赢得信息，就是赢得市场 / 43

IBM——失去时机，正确的决策也是错误的 / 45

可口可乐——永远不轻易放弃自己的底牌 / 47

联想——没有强大执行力的决策，最多是一个良好的愿望而已 / 51

通用汽车——只得到掌声的决策，不是个好决策 / 54

目 录

苹果——正视风险，才能获取最大利益 / 56
明基——完美的撤退应和胜利一样受到赞赏 / 59
松下电器——当大家一窝蜂上的时候，就该急流勇退 / 62
春都——多元化经营并不是一本万利 / 64
佳能——要想做大，首先提高核心竞争力 / 68

第三章 管理观：让公司有序地发展

三星——不断地去发现问题、解决问题 / 72
本田——不要藐视员工的成绩 / 74
沃尔玛——把员工当成合作人 / 77
松下电器——引进短缺元素 / 80
本田汽车——团队需要活跃分子 / 82
希尔顿——一个累坏的主管是不称职的 / 83
亚联——尊重别人等于尊重自己 / 86

第四章 竞争观：逆水行舟，不进则退

沃尔玛——要想永远在别人前面，你必须跑得更快 / 90
微软——让对手"活着"，其实是帮助自己 / 93
吉列——要想发展就得自己先打败自己 / 96
联想——对手的失误是自己的机会 / 98
薇姿——以己之长击彼之短 / 101
华为——我们是"一群狼" / 103
农夫山泉——进攻是最好的防守 / 104
松下——把对手捧起来让其自晕 / 107

第五章 营销观：以客户梦想为追求

波导——当你欺骗了顾客，你有多少市场可以重来？ / 111
戴尔——满足顾客的需求 / 113
IBM——从让顾客满意到让顾客感动 / 116
大中电器——不懂得吃亏，就不能得到发展 / 118

目　录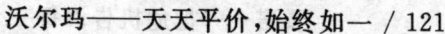

沃尔玛——天天平价，始终如一 / 121

第六章　人才观：赢得人才才能赢得未来

海尔——人才是利润最高的商品 / 125
克莱斯勒——把最合适的人放在最合适的位置上 / 126
松下电器——职位要与人才"门当户对" / 130
摩根大通——敢用比自己强的人，企业才能成为巨人 / 132
福特——用人不在于如何去减少人的弱点，而在于如何发挥他的长处 / 135

第七章　创新观：研发是自我提升的利器

海尔——不创新是最大的冒险 / 139
杜邦——当以前的优势不存在的时候，就要果断地放弃 / 141
皮尔·卡丹——领先竞争对手一步，利润就超越对手一大截 / 144
英特尔——不能只去赶时髦，而要去制造时髦让别人追赶 / 146
腾讯——不能一味模仿，要锐意创新 / 149

第八章　资本观：用最少的钱办尽量多的事

华润啤酒——资本＋管理＝成长 / 153
希尔顿——知道用别人的钱 / 156
彪马——负一定的债，反而是好事 / 158
福特汽车——把薪酬作为投资 / 161
丰田——成本控制从细节开始 / 163

第九章　危机观：把危机看做机会

微软——除了自己，没有人能使你倒下 / 167
台塑——能在冬天生存，就能赢得夏天的竞争 / 170

目 录

雷诺——把危机告诉每一个人 / 172
约翰逊药品公司——危机与商机同在 / 174
可口可乐——不做温水里的青蛙 / 177
雀巢——看不到危机是最大的危机 / 180

第十章 文化观：企业需要精神的激励

蒙牛——不修改目标，只修改手段 / 184
IBM——带着员工一同上路 / 186
丰田汽车——接受挑战，才能超越自我 / 189
蒙牛——财散人聚，财聚人散 / 191
Pampero番茄酱——在细节里见真功夫 / 193
海尔——有缺陷的产品就是废品 / 196
万宝路——一切都需统一 / 198

第一章 战略观：
战略高地要占据

战略是一个企业的纲领,没有战略的企业就像一只无头苍蝇。在当今的商业世界,精明的竞争者可以抢占新领域,划出自己的领地,一开始就为自己的立足,甚至壮大奠定了基调。没有战略,就不能占据战略高地,就会陷入永无休止的乱战之中。成功的企业领导者,都有出众的战略思维。

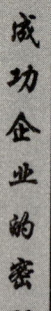

☆王老吉——要想强大首先定位

战略效果

王老吉在短短几年内就将营业额从一个多亿迅速扩张到十几个亿,从一个平平的区域品牌迅速成长为全国强势品牌,在不起眼的凉茶业创造了一个不小的奇迹。

王老吉到底赢在何处?

采用系统思考模式,我们看清了王老吉的成功路径。王老吉的成功,关键在于定位准确,并能够坚守定位,咬住青山不放松。

经典案例

在2003年之前,王老吉因为定位混乱,致使其销售网络只能停留在两广之地,无法被更多的消费群体所接受。王老吉是"凉茶"还是"饮料",这个问题连王老吉内部人员都无法说清楚,其发展之路就可想而知了。

幸好王老吉有着175年的悠久历史,并且带有浓厚的岭南特色,在两广拥有一大批忠实的消费者,才使其在激烈的市场竞争中,仍保持相对较高的销量。

但是,王老吉公司领导层意识到,要想把企业做大、做强,要走向全国,就必须克服一连串的问题,包括对原本的一些优势因其可能成为企业继续成长的障碍而舍弃。

经过认真分析与研究,王老吉领导层认为,在王老吉品牌发展道路上存在以下3个较为突出的问题:

一是当"凉茶"卖还是当"饮料"卖,思路不清。

二是产品未能走出两广、浙南。

三是企业概念宣传模糊。

因此,若想使王老吉有更大的发展前景,进行准确定位是一个必须直面的问题。

经过一系列的市场调研发现：相当数量的消费者对王老吉并无"治疗"要求，而是作为一种能"预防上火"的功能饮料购买，如希望在品尝烧烤、麻辣火锅等美食时，减少上火情况的发生。而在真正上火以后，人们通常还是会用牛黄解毒片等传统的去火药物来治疗。再进一步的研究发现：王老吉的直接竞争对手，如菊花茶、清凉茶等由于缺乏品牌推广，仅仅是以低价渗透市场，并未进行"预防上火"的饮料定位。至此，王老吉的定位攻略宣告尘埃落定。

王老吉是在"饮料"行业中竞争，其竞争对手是其他饮料企业。当时的主流饮料是汽水，它们的主要功效为清凉解渴，然而这种"清凉"只是从口感上而言的，是暂时性的"假清凉"。而王老吉可以预防体内上火，因此它把自己定位为"预防上火的饮料"，其独特的价值在于喝王老吉能预防上火，让消费者无忧地尽情享受生活。有了王老吉，煎炸、香辣、烧烤等容易引起上火的食品，你想吃就吃；有了王老吉，通宵达旦地看球赛、看书、上网，都不用担心口干舌燥、咽喉痛……

这样，王老吉就与其他的饮料区分开来，使消费者很容易就会记住这个"预防上火"的神奇饮料，"怕上火，喝王老吉"，就这样传开了。王老吉正确定位之后，其销量一路飙升。2002年，年销售收入为1.8亿元，到2006年，则突破了40亿元大关。

密码透析

红罐王老吉销售了7年，不温不火，一直没能走出两广。之所以如此，是因为品牌从未经过系统、严谨的定位，连企业内部都无法说清红罐王老吉究竟是什么，消费者就更不用说了，完全不清楚为什么要买它。这个根本问题不解决，不管拍什么样"有创意"的广告和用什么样的营销策略都无济于事。

经过一番深入调查后，王老吉开始了对品牌的定位，这是它走向强大的第一步。

当然，对红罐王老吉的品牌定位，不能与广东、浙南消费者的现有认知发生冲突，这样才有可能稳定现有销量，为企业的生存与扩张保持稳固的基础。然后就是研究竞争对手和竞争形势。公司分析后认为，红罐王

老吉的直接竞争对手,如菊花茶、清凉茶等由于缺乏品牌推广,仅仅是以低价渗透市场,并未占据"预防上火的饮料"的位置;而可乐、茶饮料、果汁饮料、水等明显不具备"预防上火"的功能,仅仅是间接的竞争。这样,就坚定了在竞争中取胜的信心。

同时,任何一个品牌定位的成立,必须是该品牌最具备这种资格和能力。红罐王老吉凭着"凉茶始祖"身份、神秘中草药配方和175年的历史等,显然是有能力占据"预防上火的饮料"这一定位的。

确立了红罐王老吉的品牌定位,就明确了营销推广的方向,也确立了广告的标准,所有的传播活动就都有了评估的标准,所有的营销努力都将遵循这一标准,从而确保每一次的推广,在促进销售的同时,都在对品牌价值(定位)进行积累。

王老吉获得巨大成功的关键,就在于找到了一个很有市场价值的特性定位,从而独树一帜,成功地与其他类型的饮料区别开来。正是正确的定位,让王老吉这个流行于岭南一隅的"跑龙套"的小角色,摇身一变成了在全国都能呼风唤雨的"明星大腕"!

☆蒙牛——强大之前先跟随

战略效果

蒙牛从创业之始就提出了"甘当内蒙古第二品牌";蒙牛人常说的一句话是"向伊利老大哥学习";蒙牛的广告中说的是"为民族工业争气,向伊利学习"。蒙牛品牌从无到有,从弱到强,只经过了短短几年光阴。它的成长和最终能以火箭般的速度发展起来,正是依靠它的跟随策略。

经典案例

在长跑比赛中,冠军获得者并不一定一开始就跑第一个,很多时候都是紧随第一或第二,等到快到终点才突然加速,超过了原来一直跑在前面的人,从而夺得了冠军。无疑,蒙牛就是在乳业的"长跑比赛"中紧紧跟随第一而后来居上，最终成为冠军的。

蒙牛在创业初期，与伊利这个全国乳业老大相比较，两者之间力量悬殊太大了，如果硬要给蒙牛排位的话，它在全国乳业排名第1116位。蒙牛是如何应对同城的乳业老大的呢？

蒙牛成立之初，就紧紧追随全国乳业冠军——伊利的脚步。在2000年前后，蒙牛提出了"创内蒙古第二品牌"的创意。蒙牛用300万元巨资买下了当时在呼和浩特还很少有人重视的户外广告牌。在呼和浩特市区道路两旁一排排的红色路牌广告，上面写着："蒙牛乳业，创内蒙古乳业第二品牌！""向伊利学习，为民族工业争气，争创内蒙古乳业第二品牌！"这让很多人记住了蒙牛，记住了蒙牛是内蒙古乳业的第二品牌。

蒙牛把竞争对手排在广告牌的首位，这种谦虚的态度减轻了自己受挤压的程度，同时非常巧妙地将当时还是"无名之辈"的蒙牛与著名名牌联系在一起，无形中提升了蒙牛在内蒙古人民心目中的知名度。因为内蒙古乳业的第一品牌是伊利，这事儿世人皆知。可是，内蒙古乳业的第二品牌是谁？没人知道。蒙牛当时还名不见经传，连前5名也进不去，但是蒙牛的聪明也就表现在这里，它通过把标杆定为伊利，使消费者通过伊利知道了自己。因为蒙牛一出世就提出创"第二品牌"，这等于把所有其他竞争对手都甩到了身后，一起步就"加塞儿"到了第二名的位置。蒙牛这光沾大了。它给人们留下了这样的印象：蒙牛似乎也很强大。

密码透析

蒙牛刚成立时，力量非常弱小，资金仅有1000多万，与伊利、草原兴发这些大企业相比不过是个相当于"指甲盖儿"大小的小厂，实在是微不足道。身形弱小的这头"蒙牛"就是想在内蒙古立足都非常困难，更不用说在全国了。

当时，中国大部分奶制品企业采用的都是国际一流设备。对于蒙牛来说，要在市场上站稳脚跟是一件很不容易的事情。面对同城对手，也是全国乳业老大的伊利，蒙牛没有采取企业惯用的"同城相争"策略，而是采用跟随策略，说得通俗一点，就是通过与某个知名品牌建立一个内在联系，使自己的品牌迅速进入消费者的心里，从而达到"借鸡生蛋"的目的。

再通俗点说就是"攀高枝",想尽办法与名人、名牌、重量级人物傍上关系,使自己成为"耀眼的明星"。

在现实生活里,也有很多这样的例子,比如戴安娜不嫁给查尔斯王子,她可能永远是一个平民;章子怡碰不到张艺谋,黄圣依碰不到周星驰,她们可能永远成不了明星;姚明不去NBA,他可能永远成不了世界巨星……

俗话说,"常在河边走,哪有不湿鞋",套用在这里就是"常在名人身边转,哪有不出名"。这就是"跟随"带来的结果。

自创业之初,蒙牛就一直跟在伊利身边,不是给它"端茶"就是给它"倒水",正是凭借伊利的强大影响力,蒙牛慢慢地发展起来了。

为什么最初蒙牛甘居人后?因为它知道自己的力量很弱,不能轻易跟大品牌硬碰硬。所谓"潜龙勿用",弱小之时正是累积、成长的时候,首先要保全自己。

对于"小弟型"企业来说,要生存无非两条路:一是造势,一是借势。无论造势还是借势,都离不开强势人物的大力支持,怎么说也不能让强势人物把你当成目标对手。蒙牛就这样想方设法避免与伊利竞争,面对竞争对手的打压,一直采取忍耐跟随的策略,从而赢得了发展时机。

采取跟随战略,参照对象的选择是一个重要问题。一般来说,只有以知名度、美誉度高的品牌作为参照对象,才能借势抬高自己的身价。在这点上,蒙牛选择伊利是正确的。

☆微软——蚂蚁傍大象

战略效果

在微软还是一只小蚂蚁的时候,比尔·盖茨成功地抓住了与IBM进行软件合作的机会,从而傍上了IBM这只大象。当时,微软虽然也小有名气,但它深知自己在市场经验、技术能力、抗风险能力、资金等方面都处于

弱势,生存能力较弱,如果这个时候,同行进行打压,根本就很难存活下去。比尔·盖茨心里很清楚,为了生存和今后的发展,必须依附于大企业,而IBM正好给了他这个机会。盖茨取得成功后曾谈到,当他接到IBM寻求合作的电话时,他知道,他等待的机会终于来了。

经典案例

微软和IBM合作背景是这样的。

IBM需要研制开发个人计算机,但它必须有合作伙伴。当时,IBM虽然十分强大,但还没有足够的实力去完成此项开发,它需要合作,而且需要找一家具有实力的软件开发企业合作。而盖茨及其微软公司当时在软件开发方面已经具有一定优势。于是,IBM给盖茨打电话,希望能与他们合作。这无疑是给了微软发展壮大的一个好机会。即使到今天,比尔·盖茨依然认为,如果当初IBM没有给他合作的机会,微软也许不会这么快地发展起来,可以说那是微软攀上了高枝。

当时,盖茨兴奋地对合伙人艾伦说道:"伙计,微软发展的机会来了!"他们对与IBM合作倾注了满腔热情。

微软对IBM说,它的一种操作系统同样可以用于IBM的新型计算机。IBM让微软提出一份可行性报告。考虑到当时帕特森的西雅图计算机产品公司已经研制出一种基于8086的称为QDOS的操作系统,微软决定以合适价格买下其使用权和全部的所有权。这足足节省了微软一年的工作量。之后,盖茨就在此基础上研制自己的操作系统。

微软和IBM一致决定采取开放的系统设计。微软想方设法把MS-DOS设计为整个行业所用的操作系统。

IBM PC研制成功了,微软DOS也因之而成为行业的唯一标准。由于IBM PC销量激增,MS-DOS的影响也与日俱增,微软为IBM开发的应用软件也越来越多,从而更加巩固了IBM的大象地位,而微软最终也因此成了最大的赢家。

密码透析

虽然盖茨并不一定了解中国的历史,但在2000多年的历史跨度上,

"借得东风好行船"的谋略却被这个美国人演绎得活灵活现。

有这样一个笑话:有一瘦男子甲在街上大声喊道:"谁敢惹我!"在甲大喝三声之后,一个身强力壮的大力士乙站了出来:"兄弟,我敢惹你!"这时,甲满含热泪地搂住乙说道:"兄弟,终于找到你了。"随即,甲更加大声地嚷道:"谁敢惹我们俩!"

这就是借力打力的生动例子。当你身形弱小之时,明知反抗即死又何必鸡蛋碰石头呢?和强大者站在一起不是更好吗?

"刚出道"的小企业规模小,技术落后,实力薄弱,在市场竞争中经不起大的风浪,怎么办呢?借助别人的力量。心理学家研究发现,人在认知过程中经常会产生"晕轮效应"。人们常说"打狗还要看主人",为什么"大户人家"的狗你不敢打,难道它不是狗吗?关键是顾虑那个主人!这就是"晕轮效应"。所以,在企业还只是"一只蚂蚁"的时候,如能"攀龙附凤"挂靠上科技先进的骨干企业,就能迅速发展壮大,并在不断发展、提高中孕育出新的"龙凤"。

其实,很多品牌的发展之路,都是在最初势单力薄的时候,依附于一个强大的对手,借用别人的力量,从而不断提高自己的知名度,不断壮大自身的力量。待到时机成熟了,就必然会由小心翼翼的蚂蚁变成大象。

☆巨人集团——以消费者心理为出发点

战略效果

有外界评论称史玉柱是营销怪才,因为他深谙消费者心理。在很长一段时间内,史玉柱的书架上摆放最多的是两类书:市场营销和心理分析。

他的网络游戏《征途》在公测阶段仅投入4000万人民币开发费用和7000万人民币硬件配置费用(事实上史玉柱准备了2亿)就能迅速获得15亿的盈利,绝非偶然。他的秘诀其实非常简单,就是准确地把握市场需求,深度了解自己的消费者。这一营销学的基本观点,对于很多企业家来说早就是老生常谈,但真正能将它做到极致的,却并不多见。而这最简单的道理,却让史玉柱又创造了一个神话。

经典案例

史玉柱是个传奇人物,他失败过1次(巨人大厦),成功了3次(巨人汉卡、脑白金和巨人网络)。而现在离我们最近的就是他的巨人网络,在他的巨人网络中,经常被人所津津乐道的是他的"免费游戏模式"。事实上,《征途》并不是第一个实行免费模式的游戏,同样采用免费游戏模式的韩国游戏《梦幻岛》是国外市场上出现的第一个产品,而中国大陆地区最早出现的免费网络游戏是《巨商》。盛大网络红极一时的《传奇》也几乎和《征途》同时采用了免费游戏模式。但毋庸置疑的是,史玉柱通过他的《征途》将这个模式推向了最高峰,并引来一批跟风者趋之若鹜。

在《征途》彻底改变中国网络游戏的流行风向之前,网络游戏多是计时收费。玩家在点卡代销点用现实货币购买点卡,点卡对应着玩家的游戏时间,玩家能在游戏中获得多少经验值、增加多少装备、升到多少级大部分都是基于在游戏上消耗了多少时间。史玉柱发现,每个人一天最多只有24小时,因此按时间收费总是有个无法突破的瓶颈限制。另外,由于升级需要耗费大量的时间,对于一些工作繁忙的玩家来说,如果能用其他更节省时间的方式来获得升级经验,他们一定乐于付费。有统计显示,在游戏上耗费16个小时所获得的经验值与用1个小时花100元人民币获得的经验值相当。这一鼓励花钱买经验值的行为使得经济实力较强的人群增加了一种消费娱乐的方式,同时也为公司赢利找到了强有力的支撑。

说到底就是钱和时间的平衡——有钱的玩家往往没时间升级,而有时间升级的玩家往往没钱。史玉柱做的,只不过是把钱和时间作为等价交换品,在游戏里实现。这就出现了所谓的"人民币玩家"——用钱买游戏装备。在游戏中,装备的好坏,不仅关系到玩家的战斗力强弱,也是游戏中赢得其他玩家尊敬的最外在形式——这种特殊性使得专注于游戏的玩家在装备上的消费并不是完全理性的。对于那些没有时间的玩家来说,若能直接用钱购买装备并让经验值提高得更为迅速,就更容易获得满

足感和成就感。

　　游戏中还特设了独一无二的悬赏系统,玩家没时间或者做不下来的升级任务,可以通过发布悬赏公告、设定悬赏金额,来请其他玩家帮忙。一旦任务完成,帮忙的玩家就有奖金可拿。"有钱能使鬼推磨"这句古话所蕴涵的哲理,在这个游戏里暴露无遗。甚至有玩家改编了《大腕》里的台词来形容《征途》里动辄砸几千上万的"人民币玩家":"花了十万的玩家,不在乎再多花十万……人民币玩家的口号是:不求最好,但求最贵!"

密码透析

　　如果只是赤裸裸地用金钱来交换时间,《征途》恐怕前途未卜。这款游戏的流失率极低,根本原因就在于游戏的设计一直在迎合消费者的心理。

　　在《征途》之前,中国网络游戏的模仿对象是韩国和欧美,而最早开始网络游戏原创的丁磊还曾经尝试从单机游戏的制作方面吸取经验。但无论哪条道路,网络游戏的设计者都非常注重"过程",而不是"结果",做一个任务,达成一个目的过程中的经历,被认定为网络游戏的乐趣所在。因此在早年的网络游戏中,升级是一个耗时耗力的庞大工程,尤其对一些需要寻找NPC(非玩家控制角色,一般是系统设置的固定角色)的任务来说,光是在巨大的地图中找到NPC就足以让人烦躁。

　　史玉柱作为一个资深玩家,十分理解玩家的此类痛苦,在他看来,游戏自身的系统就应当包含外挂中那些可以提升游戏品质的东西,比如为玩家节约时间和精力,多创造机会认识朋友等。而巨人网络也在众多玩家心目中树立了"贴心"的好形象——这颠覆了大多数游戏开发商、运营商与玩家"对立"的局面。

　　如果说升级和做任务在游戏世界能算作"物质"需求的话,那么,所有这些都是为了满足玩家的精神需求。思想浮躁的人们,他们渴望能够在短时间内迅速获得成功,得到他人的认可和尊重,而这些在现实中实现不了的东西,只要你肯花时间或者花钱,在游戏里都能得到。

　　现实中,不少人虽然身家上亿,在北京拥有十几家连锁店,但仍然觉得现实中管理几十名中层人员不足以让他感受到自己的权威。玩游戏之

前,他最渴望的就是"有一群人听我的话,我能发号施令,指哪打哪。"《征途》可以让他实现愿望——一个有实力的玩家进入游戏后的第一件事就是建立了一个公会,面向全服务器宣布,只要加入他公会的人,每个月发给人民币装备,定期组织公会活动。这样一来,就会有无数的玩家加入,而游戏让他体验了一把做老大的感觉,也满足了其他玩家的"江湖情结"。而系统会时常挑起"国家之间的战争",让玩家在团队协同的杀戮中得到强大的心理满足感。

《征途》也会时不时给普通玩家一些甜头。可能某一天,系统公告就面向全服务器宣布,你是今天的幸运玩家,可以享受每次打怪多加5%经验值的特权。就是这一小块棒棒糖,让玩家们产生了极大的心理满足,从而对游戏更加死心塌地。有了精准的心理定位,就不愁没有玩家肯往里砸钱。有人说,《征途》是一款把人性的善与恶的欲望都赤裸裸地揭示出来,并给人提供宣泄的游戏。

当巨人集团在纽约上市时,史玉柱穿着他那招牌式的运动裤去敲钟开市,募集资金又创下了新的历史纪录。史玉柱说:"这么多人在做网游,我既非最早,也非最大,更非技术最强,为什么唯独我成功了?因为在这个行业里,大多数人不懂消费者的心理,不懂营销的重要性!不要总想着同竞争对手对立,而要想办法弥补竞争对手的不足,填补市场的空白。"

以消费者心理为出发点,这就是不懂网络游戏的史玉柱能让《征途》变成另外一个赚钱利器,并在股票市场上给自己带来了几百亿元财富的原因。

战略观::战略高地要占据

☆彩云红——企业最大的价值是品牌的价值

战略效果

2008年,由美国"次贷危机"引发的金融海啸迅速席卷了全球。这场百年一遇的"大海啸"猛烈冲击了中国南部沿海地区的劳动密集型出口加

工工业,使许多工厂倒闭。

为什么这些中国企业如此不堪一击?

原因很简单,说白了,在全球产业链中,这些倒闭的中国企业只是国际知名品牌的"贴牌工厂",只做了产业链当中"加工、制造"这些又脏又累、又不赚钱的活儿,如果没有外国"主人"下订单,这些"贴牌工厂"就会关门大吉。这就是大量中国企业之所以像弱不禁风的林妹妹,如此不堪一击的原因。

一流企业卖品牌,二流企业卖技术,三流企业卖产品。在激烈的市场竞争中,技术会更新,产品会被淘汰,只有品牌才具有真正的竞争力,说得更形象一点,品牌就像一把上方宝剑,威力无边,折服万众,是无上实力的象征,并且还能让你感觉到拥有了市场比拥有工厂更有意义。

经典案例

红茶起源于中国,盛行于欧洲。欧洲上流社会人士每天都要喝两三杯上好的红茶,以此达到美容保健的目的,这一传统已有150多年的历史了。18世纪,红茶成为最受欧洲人欢迎的饮品,也一度成为欧洲贵族生活的重要元素之一。

在当今西方国家的上流场所和高端人士的日常生活中,品味顶级红茶仍旧是一种普遍的生活方式。也正因为如此,全球茶叶贸易3/4的江山,一直被红茶牢牢占据着。

在看到了这个潜力巨大的市场之后,"彩云红"的创始人就开始琢磨了:如果将彩云红打造成世界顶级品牌,必定能在全球的"茶市"当中分到一杯羹。

瞄准了世界顶级红茶这一定位,彩云红集团便开始着力打造自己的世界品牌——"彩云红·红岁"。

为确保"彩云红·红岁"拥有真正的国际品质,整整3年,彩云红集团都在研究西方人的口味,一丝不苟地严格按照世界知名品牌的标准在品质、包装、价格、品牌运作、营销机制等多个环节精心策划,狠下工夫。

"彩云红·红岁"以海拔2100米以上的珍稀高山茶为原料,制作工艺是全球领先的CTC,即crush(碾碎)、tear(撕裂)、curl(卷起)。

第一章

战略观：战略高地要占据

鲜茶叶经过萎凋、揉捻后，利用现代化特殊机器将茶叶进行四级CTC滚动连切，形成CTC外形特征，达到颗粒紧结、重实、匀称状态；再通过发酵完成绿叶变成红叶的转变过程；后经CTC链板和沸腾式工艺一次烘干，使茶叶色泽乌润，香气浓郁；最后通过静电拣梗分筛，剔除筋、丝，分清优次，提高机口分号匀度和净度，分出茶号；分号分堆，形成初茶，包装后形成成品。

我们可能想不到，在一般中国红茶只能被当做德国等制茶大国的原料茶以每公斤5美元卖出时，小小的一盒"彩云红·红岁"在国际市场上的标价是1000美元。"得意之时，红岁相伴"，简简单单八个字，将"彩云红·红岁"的顶级红茶定位彰显无遗。

所谓"艺高人胆大"，这种1000美元一盒的茶还算是便宜的，和所有奢侈品牌一样，凭借独占鳌头的品质和尊贵浪漫的文化内涵，"彩云红·红岁"高端的"黄金宝"茶贵比黄金，定价在每克100元人民币，全球一年只供应5万盒。

此举一出，各国富豪趋之若鹜，单"黄金宝"这一款茶一年给公司带来的收入就高达5亿元。同时他们在所有的"彩云红·红岁"系列茶品外包装上标明美元、欧元和人民币的建议销售价，实行全球同价。

深谙品牌运作的"彩云红·红岁"品牌投资人姚研成说过这样一句掷地有声的话："我们永远都不会打折，即使倒闭了也不会，这是在维护品牌和客户利益。"

有句话说"不求最好，但求最贵"，而"彩云红·红岁""既求最好，更求最贵"。正是这种对消费者消费心理和品牌定位的精确把握，让"彩云红·红岁"给它的"粉丝"们带来了极大的精神满足感和阶层归属感。

短短10年时间，彩云红集团成就了自己的品牌之路。现在，彩云红红茶集团旗下拥有彩云红、红岁、贵辣、菲凡、百事臣等一系列高端品牌，2008年这些品牌总产值达58亿元，国内纳税总额达18.3亿元。

密码透析

国内的很多企业没有自己的品牌，他们往往都是为了获取暂时的销售利润而做广告、搞促销，那么这仅仅只能获得短期利益；从长远来看是

因为企业错失了发展机遇,没有形成品牌核心竞争力,企业将很难在市场上生存并持续发展。2008年的金融危机,中国很多中小企业纷纷破产倒闭,就证明了企业如没有形成品牌核心竞争力,就无法在残酷的市场竞争中生存。

品牌真的那么重要吗?是的。因为消费者在买商品的时候,不可能对每个可供选择的产品或服务从价格、包装、功能、产地、效果、质量、服务等各方面一一对比或试用,也不可能像专业人士那么深入地了解成千上万种同类商品的详细知识,因此,消费者在选择购买哪种产品或服务时,自然把获得大家一致认可的强势品牌作为首选。

因为强势品牌代表着有好质量、好功能、好效果、好服务等,品牌浓缩了一切,品牌集中了一切,它让消费者在购买时放心,它向消费者预售了好产品或好服务,是一种更高效的销售方法。现代管理学之父彼德·德鲁克曾指出,"营销就是让销售成为多余"。如果营销做得非常好,形成了强势品牌竞争力,品牌会形成产品的自我销售,所以也就会使销售成为多余的了。随着产品的不断丰富和竞争的日益激烈,消费者在购买产品时对品牌的依赖和信任程度将会越来越高。

可以说,在整个产业价值链中,谁拥有强势的品牌,谁就将获得最大的利润。例如,中国制造的"耐克"运动鞋,耐克公司委托中国东莞的工厂加工一双鞋子,只需要几十块钱,但是,当他们把这些中国生产的鞋子贴上 NIKE 的标签,它们就成了一夜蹿红的"明星",身价暴涨!同样是这双鞋,如果没有耐克的那"一勾",最多只能卖几十块钱。

我们看超市里、地摊上摆的鞋子,不是耐克就是阿迪,但那都是仿着人家的牌子做的,那叫"假的"、"高仿的",能卖多少钱?同样是鞋,差距咋就这么大呢?

答案就是我们不懂市场运作,我们没有自己的品牌。当一家企业拥有了自己的品牌的时候,它就不再是向消费者被动去推销其产品,而是等着消费者主动去购买。这就是"营销就是让销售成为多余"最好的解释。

企业拥有品牌比拥有工厂更重要,因为只有拥有了品牌才能拥有可持续发展的市场,拥有了市场比拥有工厂更有意义。蒙牛公司的老总牛

根生在创业初期正是采用了先品牌后工厂的经营战略,才在短短7年时间里使公司得到快速发展。"彩云红·红岁"也是通过成功的品牌运作,为所有处在全球产业链底层"艰难度日"的中国企业上了一课——品牌意味着一切,只有品牌,才是中国企业的希望!

因此,一家企业最大的价值是品牌经营的价值,只有在企业经营中,把品牌经营放在至高无上的位置,企业才能更快地发展。有形资产不具备恒定性,企业真正的"恒产"是品牌,即使有形资产流失殆尽,品牌的价值也还存在。经营品牌,是为企业注入持续发展力量的重要手段。

☆耐克——虚拟经营

战略效果

美国耐克公司是全球最大的运动鞋等体育产品知名品牌企业,其成功在于创新出完全的"虚拟经营"。耐克公司没有投资建造用于制造产品的工厂,在遍及世界各地的耐克产品专卖网点中,也很少有自己出钱出人直接经营的商店,而是将全部精力用于设计产品与市场开拓。耐克公司的"虚拟经营",使企业的市场开拓和经营效益保持最大化,稳居同行的称雄地位。

经典案例

创业初期,公司总裁菲尔·耐克敏锐地捕捉到了弹性好又能防潮的运动鞋的市场前景。耐克鞋凭借独特的设计、新颖的造型,迅速地在美国打开了市场。随着公司的壮大,菲尔·耐克把眼光投向国际市场,他意识到借助别人的力量对公司发展十分有利。耐克公司通过在爱尔兰设厂进入欧洲市场并躲过高额关税,又在日本联合设厂打入日本市场。

耐克公司发展到现在,所有产品都不是自己生产制造的,而是全部外包给其他的生产厂家加工制造出来的。

公司将所有人、财、物力资源集中起来,然后全部投入到产品设计和

成功企业的密码

市场营销这两大部门当中去,全力培植公司强大的产品设计和市场营销能力。公司经理们的工作就是集中公司资源,专攻附加值高的设计和行销;然后坐飞机来往于世界各地,把设计好的样品和图纸交给劳动力成本较低的国家内的企业;最后验收产品,贴上"耐克"的商标,销售到每个喜爱"耐克"的人手中。

耐克公司实施虚拟经营这一战略,节约了大量的生产投资以及设备购置费用;将产品的生产加工外包给东南亚等地的许多发展中国家的企业,利用当地廉价的劳动力,极大地节约了用工费用,这也是耐克运动鞋之所以能以较低的价格与其他名牌产品竞争的重要原因。

密码透析

耐克绝对不是新经济的产物,但是耐克作为"虚拟经营"的典范,其成功之道相信会给我们提供更多的启示。

同样是一双运动鞋,同样一个生产厂商,为什么贴上耐克的标志就可以卖几十美元,而贴上我们自己的商标,就只值几十元人民币?

很简单,因为耐克品牌,而且是世界上数一数二的强势品牌。对于大众消费者而言,穿上耐克的鞋子,就有一种自己成为时尚运动青年的感觉,为了这种感觉,消费者愿意为一双鞋子支付超过其制造成本几倍甚至几十倍的价格。在美国,就像成年人想拥有名牌跑车一样,约有高达七成的青少年的梦想便是拥有一双耐克鞋,"耐克"成为消费者追求的一个"梦"。耐克正式命名于1978年,后来居上,超过了曾雄居市场领导品牌的阿迪达斯、彪马、锐步,被誉为是"近20年世界新创建的最成功的消费品公司"。耐克公司现在年销售收入近百亿美元。

据资料显示,2000年全球名牌运动鞋的市场规模达到164.39亿美元,占全球运动鞋销售总额的90.5%。以地区而言,美国为全球规模最大的名牌运动鞋市场,规模达78亿美元,约占全球市场的50%。以鞋类品牌而言,耐克以56.9亿美元的销售额,稳居全球运动鞋市场的龙头宝座,市场占有率达到35%,而这些成绩都是靠着虚拟经营来实现的。

虚拟企业的优点是"用最大的组织、最低的成本来实现最大的产能"。一个企业自身资源有限,组织结构功能有限,为实现某一市场战略而组成

的虚拟企业,每个成员只充当其中某部分结构功能,通过信息网络,支持着为虚拟企业依空间分布的生产而设立的复杂的后勤保障工作,这样的企业结构和传统的组织结构相比,有较大的结构成本优势,大大提高了企业的竞争力。

但是,并不是所有的企业都适合采用耐克的虚拟经营模式,特别是食品、医药行业,因为这些不同于服装,安全性太重要,关乎企业的命、人的命,一旦出现问题,企业就会走向消亡。食品、医药就应当自己生产自己卖,这样才能把"习惯"传承于食品、医药中。此外,根据耐克公司等案例分析,虚拟经营战略的成功必须具备两个保证条件:

一是无形资产(品牌等)是虚拟经营成功制胜的法宝。公司占领市场不是靠资金,而是靠无形资产取胜,尤其是优质品牌形象。在强手如林的国际竞争中,一些大公司就是靠着品牌轻松占领了其他国家的市场。所以,企业要实施虚拟经营战略,必须具有强大的品牌力量作为支持点。

二是进行虚拟经营必须拥有一定的高素质的管理人才。以信息的网络化、经济的契约化为媒介,企业可借助"虚拟组织"来降低创新的交易成本,"虚拟成本"将变得与实体同等重要,高素质人才愈发成为决定成败的核心和灵魂。

☆嘉里粮油——金字塔式的多品牌战略

战略效果

一家企业要想成功,就必须要有自己的品牌,可是在这竞争激烈的时代,品牌单一是危险的,如果这个品牌出现问题,可能导致全军覆没;品牌过度延伸也存在风险,可能一荣俱荣,一损俱损。所以当企业具有一定的实力之后,根据不同层次设置品牌,使相互独立又相互支撑的品牌形成一个金字塔体系,以避免品牌单一和过度延伸的问题。处于金字塔顶端的品牌为企业的核心品牌,其地位如果受到动摇,可能危及企业整个市场或

大部分市场,因此它属于重点保护对象。保护措施之一就是用更多的品牌去阻挡竞争对手的进攻。

经典案例

早在20世纪80年代后期,当中国消费者要吃油还得攥着油瓶子跑到菜市场打散装油的时候,来自新加坡郭氏兄弟集团的嘉里粮油(简称嘉里系)就以超前的战略眼光预见到中国小包装食用油的巨大市场前景和发展潜力。

郭氏兄弟集团于1989年投入巨资在深圳赤湾成立了南海油脂工业(赤湾)有限公司,1990年开创中国食用油类别的小包装食用油正式上市。1993年国家取消平价油政策后散装油价格一度超过小包装油,嘉里粮油放弃上调油价的大好时机,而将小包装油价格拉低到与散装油持平,一举让中国消费者接受了小包装食用油并迅速引爆市场。

此后在不到10年的时间里,嘉里粮油先后建立了深圳、上海、天津和青岛四大粮油生产基地以及防城、成都、西安、营口等十几个生产加工点,覆盖全国市场,构成了非常庞大的粮油食品生产加工体系。

2003年,嘉里系小包装油突破100万吨,销售额高达130亿元,以"金龙鱼"为代表的品牌家族产品占据中国高达38%以上的市场份额,其领导品牌的规模、地位和市场已无人能撼。

说到食品油行业的嘉里粮油,就需要了解一下金龙鱼的主要竞争对手福临门。福临门是中粮集团全力打造的品牌,目前市场占有率仅次于金龙鱼。1995年,中粮集团以"福临门"品牌进入利润丰厚的小包装食用油行业。经过3年对市场的"精耕细作",到1998年,福临门已经占有小包装食用油4.5%的市场份额,成为紧跟金龙鱼的第二大品牌。

福临门是中粮的"子弟兵",享受国家原料配给,又有亚洲最大的油脂生产线,其具有的一切成本优势都是金龙鱼所不能企及的。这样,福临门零售价总是比金龙鱼要低1~3元。自从福临门进入小包装食用油市场以来,每年都要发动大的价格大战,其市场业绩的取得要归功于价格战。

为了应对价格战而又不损害到金龙鱼的品牌形象,嘉里粮油推出元宝、胡姬花等二、三线品牌与福临门进行价格竞争,而作为一线品牌的金

龙鱼价格则一直保持坚挺。

1998年初,就在金龙鱼和福临门拼得你死我活的时候,在山东半岛偏安一隅的鲁花,向行业带头大哥金龙鱼举起了"革命大旗"。鲁花创造了"特香花生油"的概念,自称"鲁花花生油"的革命弥补了中国食用油的缺憾,同时提出花生油具有营养保健功能,后又凭借着强大的公关为其主销产品赢得了"人民大会堂国宴用油"的称号,并配合着不变的电视广告,给人以"好生活好味道"的暗示。

在北京,花生油渐成时尚,以37.7%的高市场占有率首次排在了第一位,近51.4%的消费者都食用花生油;在金龙鱼的大本营华南重镇广州,鲁花的销售量2000年达到5万吨,2001年,这个数字翻了一番。如今鲁花已稳居小包装食用油市场占有率第三位。

鲁花的概念营销,成功地蚕食了金龙鱼和福临门色拉油的大片领地,使忽视了花生油市场的金龙鱼与福临门损失惨重。嘉里粮油为了维护金龙鱼的市场地位,同时为了避免金龙鱼卷入与鲁花无休止的花生油竞争,推出了其专业花生油品牌胡姬花,希望采取与鲁花相同的策略,扰乱鲁花对金龙鱼的市场争夺,去争夺鲁花的市场。这种依靠推出与竞争对手相类似的品牌,变被动为主动的策略,既可以保护核心品牌的市场,又抢占了竞争对手的市场。尽管胡姬花的市场表现并不突出,但也起到了直接拿金龙鱼与鲁花竞争所无法起到的作用。针对很多企业也开始进军粮油市场的情况,金龙鱼继续推出了12个品牌,参与市场竞争。

嘉里粮油的多品牌战略与宝洁公司的多品牌战略是不同的。宝洁公司尽管也主张品牌之间相互竞争,但其品牌定位是不重叠的;而金龙鱼由于是综合性品牌,必定会与专业性品牌直接竞争。金龙鱼对此的解释是:现在的市场不可能是独家经营,与其等竞争对手和自己争夺市场,不如自己先设置竞争对手,根据市场需求,从高到低,在不同层面、不同品种上,设立不同分支品牌来遏制竞争对手的发展。

金龙鱼鼓励品牌之间进行竞争,但这并不意味着各品牌之间就不存在协同效应。金龙鱼鼓励将公司所有品牌看成一个整体,而不人为地将市场区别对待,把主力品牌与专业品牌有机地结合起来,发挥整体优势,

争取达到最好的效果。

　　十多年来,金龙鱼的经营思路始终坚持"不求赚钱,只求推广,普及健康,做大品牌"。与此同时,金龙鱼不仅投入大量的电视、报纸广告,宣传食用油知识,带给人们更多、更科学的用油知识,而且还积极参与政府对"放心油"的推广工作。这就塑造了金龙鱼"食用油专家"的形象,提升了品牌价值。也正是依靠这个价值,成就了金龙鱼企业整体高品质形象、高信誉度,为金龙鱼赢得了广阔的市场。

密码透析

　　在食用油行业,嘉里粮油的行业老大地位早已不容置疑。嘉里粮油旗下的金龙鱼食用油品牌,十多年来一直以绝对优势,稳坐小包装食用油行业"龙头老大"的宝座,而其麾下的元宝、胡姬花、鲤鱼,目前也位居全国十大食用油品牌排名之列。如果再加上其他品牌的销量,嘉里粮油差不多占据了中国小包装食用油市场的半壁江山。

　　采用多品牌策略是金龙鱼成功的一个重要原因。在金龙鱼的品牌金字塔中,金龙鱼是一个多品种的产品,有花生油、色拉油、豆油、菜油等品种。这样,在市场推广上,产品虽然有品质的区别,但却容易在专业性上给竞争品牌以机会。在每一个市场细分中,金龙鱼都推出了一个代表性品牌,如元宝是豆油品牌,鲤鱼是菜油品牌,胡姬花则是花生油品牌,还有"海皇牌"24度精炼食用棕榈油、"花鼓牌"33度精炼棕榈油、"卫星牌"44度精炼棕榈油等。还推出了粟米油和葵花籽油等有抗衰老、降低胆固醇的高档健康食用油。嘉里粮油多品牌的目标就是赢得最大化的细分市场,满足不同的消费需求,这样不仅可以追求最大化的市场利润,而且还可以遏制竞争对手。

　　截止到2002年底,金龙鱼系列共推出了16个品牌,使它在与福临门、山东鲁花的商战中取得优势,化被动为主动。市场变幻莫测,为了让品牌价值不受影响,金龙鱼的做法是推出新的品牌开拓新的市场,等市场条件成熟以后,再以金龙鱼品牌进入,以形成整体优势。推出"元宝"品牌进入豆油市场、"鲤鱼"品牌进入菜油市场等,都是出于这种考虑。但是这样的策略要取得成功必须要有强大的实力作保证,要有行业专家的技术、

完善的销售网络和优越的品牌优势，否则只会"搬起石头砸自己的脚"。

采用多品牌策略，重视品牌架构建设，是嘉里粮油成功的密码。嘉里粮油的品牌策略对我国企业的发展具有重要借鉴意义。

☆沃尔玛——竞争对手是最好的老师

战略效果

一个企业应该将自己的产品、服务和经营方式、企业规模等和最强大的竞争对手或者行业内的领先者进行对比。然后，根据他们的标准改进自己的产品或其他方面。这是一种最有效的竞争方式，因为竞争双方争夺着共同的资源和消费者，在竞争手段上，也存在很多相同或相通之处。如果能把直接竞争对手树为学习的标杆，认真分析自己和他们的不同和差距，然后向他们学习，你就不但拥有竞争对手的优点，而且具备竞争对手不具备的优点，从而能够实现抵御或超越竞争对手的目的。

在商业圈很流行的一句话是：最强大的对手不仅是你的对手，更是你的老师。

经典案例

沃尔玛的创始人山姆有一个非常重要的理念，那就是："向对手学习"。他甚至把沃尔玛的成功归结于竞争。

竞争让有准备的人得到了磨炼，让没准备的人遭受到了淘汰。沃尔玛人正是在一次次的竞争中不断成长，从而具备了一种不可或缺的优势。在山姆的指导下，沃尔玛人一直重视其对手的一切优点，不断地向其对手学习，所以他们具备了别人无与伦比的优势。用沃尔玛人自己的话来说，若是没有凯玛特、西尔斯公司，沃尔玛公司不会像今天这样出色。正可谓适者生存，不适者淘汰，西尔斯公司远远地落在了后面，其原因之一就是，他们长期以来一直不承认沃尔玛和凯玛特公司是他们真正的竞争对手，他们忽视了竞争对手。

成功企业的密码

从涉足零售业的第一天起,山姆就同时开始了他每天的勤奋学习。

他曾经这样说:"虽然在开第一个店时我有信心,但是我在经营杂货商店方面连一天的经验都没有,所以巴特勒兄弟公司送我到阿肯色州卡德尔菲亚的本·富兰克林商店接受了两周的培训。在这之后,就靠我自己了。"

从某种意义上说,山姆当初对这个行业的幼稚和无知实际上倒是一件好事,因为正因为他无知才促使他不断学习,从而得到了一条终生受益的宝贵经验:要学习每个人的长处。山姆不仅通过阅读当时可以得到的每一本有关零售业的书刊进行学习,更多的时候是通过研究他的竞争对手的做法,从中学到了大量有关管理的经验。在山姆看来,弥补自己缺乏经验和不够精明老练的一个办法就是花尽可能多的时间去研究竞争对手,这是战胜对手的最好方法之一。

密码透析

超越的起点就是学习。

沃尔玛的第一步就是向竞争对手看齐,并将对手的看家本领学到家,它奉行的就是吸取精华的拿来主义,你的就是我的,而我的不一定是你的。

山姆善于观察周围的每一家商店,只要遇到沃尔玛所不及的就会拿来用,像第一次使用金属陈列架,把员工当做合伙人等,这些都为他对商店的改进提供了很大帮助。沃尔玛公司的成功在于,当其他对手在不停地指责他人错误的时候,它却积极听取别人的意见并改进自己的商店。

在山姆的自传中有这样一段描述:在1976年,当时有一个对零售行业的研究团队成立,主要成员是当地零售企业的管理者,他们在对山姆的沃尔玛店铺进行参观后,就不断地指责该店,说他们的招牌糟糕至极,商品定价太高等,总之贬多于褒。但是,沃尔玛并没有把这些当做是指责,而是将这些话当做改正的方向。从这里可以看出沃尔玛对这些意见的重视程度。此后,沃尔玛重新制订了一个庞大的计划,包括促销计划、人员计划等,在这些计划得到实施后,沃尔玛开始变得有声有色了。

市场的竞争是残酷的,一次失误就可能导致一个企业在市场上销声匿迹。只有在竞争中学习、在竞争中成长的企业,才能在物竞天择、适者

生存的市场规则下像沃尔玛一样不断发展壮大。

其实,不管是哪行哪业,要想让自己的产品得到市场的认可,必须了解和掌握竞争对手的动向,认识竞争品牌的优点和缺点,学习别人好的一面,力避不好的一面,然后根据这些信息制定自己的产品开发和产品定位战略。

当你的产品具备了竞争产品的所有优点,同时回避了竞争产品的所有缺点,你的产品就一定能够得到消费者的青睐。

☆微软——"我是标准",游戏规则我来定

战略效果

要想使自己的商品长时期地占据优势地位,就必须努力创造一种行业标准产品,使众多企业依附于你而生存。

你可以在不同的地方购买不同品牌的计算机,但你不能不使用微软的软件。这是比尔·盖茨最初的梦想。如今虽然全世界的电脑产自不同的企业,但绝大部分都使用微软的软件,微软的软件已经成为一种标准。在这种情形下,市场竞争已经从低层次的争夺上升到标准地位的争夺了。

经典案例

创立于1975年的微软公司,在外人看来,它在产品定价、促销、授权和支持产品方式等方面都围绕着"薄利多销"这一原则展开,但许多人却忽略了一个道理,那就是它的产品为什么会畅销?

在个人电脑业兴起初期,微软没有自己的操作系统,只能遵循客户和利润为中心的原则,先拉拢用户,然后设计操作系统。在MS-DOS设计成功以后,微软以Windows为平台,推出了Windows3.0、Windows95、Windows98、Windows2000等系统,终于成为一个行业标准的制定者和引领者。

在每一次大规模的产品升级换代过程中,微软都力求创立产品标准,牵着新老客户的鼻子,让新老客户不得不跟着微软的标准走。例如,MS-

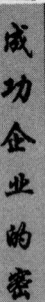

成功企业的密码

DOS操作系统的问世，引领了IBM兼容产品市场的形成，从而为计算机硬件制造商带来了新的商机。而这一新的商机反过来又为微软操作系统和应用软件的市场提供了新的更加广阔的发展空间。微软就是这样，不断地制定标准，并使这种标准成为市场的主宰。

1988年，微软以极低的专利使用费向硬件商提供MS-DOS，让他们与每一台计算机捆绑销售。这一手段的高明之处在于：对硬件商而言，以极低的价格获得了新的产品服务功能，他们何乐而不为；对微软来说，既扩大了销量和收入，又减少了销售的风险。为了打击竞争对手，微软还许诺对硬件商实行销售折扣政策，这就使微软的市场优势进一步扩大。

对于高科技公司来说，最为高明的营销模式是成为行业标准的制定者。

有媒介对比尔·盖茨和微软作了高度的评价："谁最理解标准的意义？比尔·盖茨和微软实际上不是在做软件生意，而是在做标准的生意。微软成功不是因为它编写出了最好的软件，而是因为它确立了行业的标准。使盖茨成为亿万富翁的Windows软件就被发展成一种标准，而不仅仅是一种操作系统。"

密码透析

提起秦始皇最伟大的成就，人们往往最先想到是他修建了长城，其实，他最伟大的贡献是统一度量衡。只有在度量衡统一之后，国家才得到了空前的统一和强大。行业老大、品类老大也是一样，应该树行业标杆、品类标杆，成为规则的制定者和垄断者，唯有如此，才能稳立潮头，引领行业走向。

标杆是什么？标杆就是全行业必须（或者说不得不）向我看齐的规范和标准。

怎样才能成为规范和标准的制定者呢？要领导指定你来制定吗？那只能是做春秋大梦，在如今的市场上没有人会主动请你来制定，此等好事要拼死相争才能得到。抢市场，将生米做成熟饭，用事实说话，让全行业不得不用事实做标准。

从技术角度看，微软视窗（Windows）操作系统并不是一种了不得的

第一章

技术,市场上经常看到的破解版和微软总也补不完的漏洞补丁就是证明。但是为什么只有微软成功了?因为比尔·盖茨最先敏锐地察觉到了这个行业"只有第一、没有第二"的特性,他深知,标准与规则对于电脑操作系统市场重要如生命。

比尔·盖茨快速下手,通过一系列强有力的市场推广手段,抢市场,广应用,在 Windows 平台上积累了一大批应用软件,有了大批用户,使其应用程序接口成为事实上的标准。至此,马太效应出现,其他操作系统很难取代它,此时对手无论拿出多么完美的软件都回天无力。在之后的日子里,全行业和消费者只能听任微软牵着鼻子走。这种地位不是哪个公司可以撼动的,甚至国家对它也奈何不得。

标准的形成不在于你的技术有多高级,原创也不是什么关键,比技术和原创更重要的是更多的人应用。当你的技术成为事实上的标准之后,其力量比法律的力量还要强大!这又是一种"先者生存"。

许多企业已经在利用这个规律,占据消费者心智资源中的黄金标准:专业设计最好用的电脑是"苹果",最轻薄的液晶电视是"三星",最炫的视听播放器是 ipod,最好的牛奶是来自草原的"蒙牛"、"伊利"……知识产权比知识本身重要;技术标准比技术本身重要;让消费者把你的产品当做同类中的标准,这个更重要。

中国为什么要加入 WTO?一方面是为了获得贸易上的利益;另一方面是为了获得在制定世界贸易规则时的发言权,这个比利益更重要。技术、功能、质量、价格、服务当然很重要,但只有控制了标准,才会有话语权、主动权,也才会有更强的竞争力。

任何一个时代的财富英雄,都是在那个时代即将来临的时候,深刻洞察并紧紧抓住那个时代所赋予的历史机遇,制定那个时代某个行业或领域的"规则",然后不惜一切代价而行之,方成天下英雄。

微软制定了信息化时代计算机操作系统和应用软件系统行业的"规则",IBM 制定了信息化时代计算机硬件行业的"规则",沃尔玛制定了工业化时代商品零售领域的"规则",麦当劳制定了工业化时代快餐饮食行业的"规则",阿里巴巴制定了信息化时代中小企业电子交易平台领域的

战略观:战略高地要占据

"规则",google 制定了信息化时代搜索引擎领域的"规则"……这些公司或企业的掌门人用他们超乎常人的眼光和智慧,审时度势,成功制定了某个行业或领域的"规则",从而聚起世界级的财富,他们堪称时代的财富英雄。

☆飞利浦、索尼——从竞争走向合作

战略效果

在竞争异常激烈的今天,一个企业要想生存发展,不能只靠自身的力量,还需靠企业之间的分工合作。经济学家钟朋荣把小型企业之间的分工合作比喻成"猎狗经济",而把那些大而不强的企业比作"斑马经济",并用形象贴切的语言解释道:在竞争激烈、优胜劣汰的环境中,有三只猎狗和一只斑马进行决斗,在决斗的过程中,三只猎狗进行分工合作,第一只猎狗咬住斑马的鼻子,第二只猎狗咬住斑马的屁股,第三只猎狗咬住斑马一条腿。斑马疼痛难忍,最终败在三只猎狗手中,被猎狗们吃掉。斑马虽然比三只猎狗高大得多,但是还是输给了猎狗,原因在于猎狗虽然瘦小,但是他们懂得分工合作,这就是他们战胜斑马的秘诀。这就告诉我们,要想在竞争中取得胜利,不能只靠自己单打独斗,还要靠借助他人的力量,尤其在自己仅是"一只猎狗"的时候,更要懂得做一个合作者。

经典案例

飞利浦和索尼是电子消费品行业中的主要竞争对手,但他们在 CD 的发明和市场上却成功地走在了一起。

索尼看到大众对 CD 的兴趣越来越大,于是索尼想发展 CD。飞利浦虽然已有 CD 原型,却难保竞争中的领先地位,因为一旦索尼把数码和光碟两者合二为一,飞利浦可能就要跟在索尼的后面苦苦追赶。而且,当时规格最大、实力最强的消费电子产品公司松下和 JVC 已站在同一战线上,JVC 开发的光碟技术,处于领先地位。

飞利浦决定要和索尼合作。索尼享有良好的质量声誉,拥有雄厚的营销实力,其数字编码技术尤其是数字校正技术也很强,而这正是使 CD 音质纯净的关键。经过精心的准备和巧妙的安排,飞利浦终于可以大方地派个技术代表团去日本展示技术并寻找合伙人,再也不必缩首缩尾了。

飞利浦的代表团把他们的 CD 唱机(里面还是塞满了一大堆半导体、电阻器、电路和电线)展示给索尼和松下看。两家公司颇为心动,只是还没下定最后的决心。但飞利浦的友好行动已经奏效,与索尼签约只是时间的问题。

几个月后,索尼就加入飞利浦的阵营。飞利浦与索尼签订了 CD 技术开发协议,共同形成 CD 标准规格,就此打破了 CD 标准化的僵局,但 CD 标准规格要成为行业的标准规格,还有很长一段路要走。

当时,在 CD 标准规格的竞赛中,有 10 家日本公司参与,但主体是飞利浦和索尼合力对抗 JVC。JVC 有松下的支持,是相当强劲的对手,以生产超高品质的电子消费品著称,而且备受敬重。当时 JVC 的工程师做的 AHD 碟片,其资讯密度(沟纹数目)已经高于飞利浦与索尼合制的 CD。而且许多工业专家认为,AHD 的音质比较好。

索尼和飞利浦知道任务紧迫,必须争分夺秒,全力以赴。每次举行标准化讨论会,双方通常各有八九位工程师参加,两队人马一见面,总要连续讨论好几个小时,甚至几天。

为了建立标准规格,飞利浦让索尼分享了自己的许多技术成果。虽然起先是飞利浦的技术领先,但最后两家的贡献各占一半。如果单打独斗的话,也许要多耗费几年的时间,才能得到与它们合作相同的成果。

1980 年 5 月,制定唱片标准规格的日本政府机构通产省召开会议,宣布放弃 JVC 的 AHD,转而支持 CD,飞利浦和索尼就这样获胜了。

密码透析

在市场经济条件下,大部分成功的企业是建立在他人失败的基础上的,然而最好的经营模式却是合作竞争。除了与顾客、供应商沟通合作,还与同行一起打拼市场、共享利益,从而达到互利双赢。这种像飞利浦与索尼一样合作求生存的成功模式越来越受到大企业的认同。

当然,飞利浦这样的选择,是迫不得已的。因为不合作,索尼就会成为自己的主要竞争对手,而且单靠自己的力量也战胜不了JVC。企业之间的竞争内容很多,但以产品价格竞争最为突出。价格战总是为了迅速提升销量,以抢占市场。而价格战也是竞争混乱的主要因素,价格弹性一旦低于一定界限,企业利润就会失去保障。恶性竞争的苦果,相信很多企业都曾尝过。"杀敌一千,自伤八百"的惨烈景象,当然不是飞利浦愿意看到的。

为防止价格战等恶性竞争,很多企业都会像飞利浦和索尼一样,从竞争走向"竞合"(既竞争,又合作)。

在浅层次上,很常见的是所谓的"合作性博弈",即双方在稳定市场整体价格的条件下达成共识,停止价格战,把市场上的竞争转化为各自如何更快更有效地开发新客户、维持老客户,从而避免了"拼了渠道,再拼价格"的正面冲突。而深层次的"竞合",是通过市场找到双方的结合点,变对手为朋友,合作的双方不仅可以分享品牌和市场,还可以分享资金、人才、技术等,联合开发新市场,提高整个行业的市场竞争力,从而达到利益共赢。飞利浦与索尼走的是深层次"竞合"的路子。飞利浦意识到,虽然自己暂时能在CD领域领先,但索尼却有着足够的实力赶超。于是,它明确地选择了跟竞争对手合作,让对手变成了自己的帮手,并一起应对JVC和松下这两大对手,最终取得了胜利。

我们在拟订企业发展战略时,最终的考核依据是战略本身的"投入、产出"关系,而不是对对手的打击程度,在竞争白热化的今天,竞争与合作也不再泾渭分明,而是互相融合、互相渗透。

☆通用电气——要做就做第一

战略效果

消费者的头脑中往往都有一个固定的标尺——谁是第一,谁就是最好,就最让我信服。这个"第一"的标尺左右着消费者的行为,决定着企业的市场份额。品牌在这里已经对号入座了。

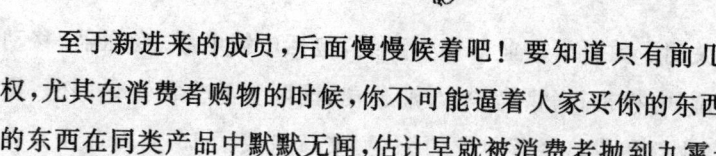

至于新进来的成员,后面慢慢候着吧!要知道只有前几名才有发言权,尤其在消费者购物的时候,你不可能逼着人家买你的东西吧!如果你的东西在同类产品中默默无闻,估计早就被消费者抛到九霄云外了,还谈什么发展和前途!

企业要想做大、做强,最好的办法就是成为某种意义上的"第一",成为某个领域的"老大"。只有强者,才有机会来证明自己,现实是不会给你时间去解释失败的理由的。

经典案例

20世纪80年代中后期,美国由于实行高利率和财政赤字政策,经济增长速度放慢。随着技术进步的加快和市场的急剧变化,各国的品牌都纷纷拥进美国市场,特别是日本强大的竞争力,使美国的企业利润日渐萎缩,许多业务处于疲弱不堪的状态。在这种环境下,实力不强的企业难以为继。

GE(通用电气)作为一个多元化的企业,同样遭受着盈利不断下降的困扰和打击。杰克·韦尔奇上任后,经过一系列的调查研究,他认为,如果不能在自己的领域内获得彻底强大的实力,还不如放手。基于这个时代背景,韦尔奇提出了著名的数一数二战略——任何一个领域,如果你做不了第一或者第二,你就只能陷入"狼多肉少"的残酷竞争中,而且得到的只是少量的利润;只有位居第一或第二的企业才有实力避开残酷的竞争,赢得巨额利润。

在韦尔奇看来,如果某项业务不能做到数一数二,那么对不起,关闭它或卖掉它。根据其著名的"感冒理论",韦尔奇认为,如果市场中数一数二的企业出现了"感冒"的症状,那么排在第四第五位的企业将会得癌症。

因此,韦尔奇确立了做"第一名、第二名"的理念。他要确保通用电气的所有企业都能在所在行业中占到第一名或第二名,否则就卖掉。同时,他购买了一批有前途的企业,并把它们发展成为行业的第一或第二。

在韦尔奇接手GE时,GE有350个产品事业部,它们分属于43个战略经营单位,生产经营上千种产品,其中有的赢利,有的赔钱,有的居于世界领先地位,有的已经落后,有的具有发展潜力,有的已达到极限。据此,

韦尔奇卖掉、关闭了数百个事业部和生产线,包括电线电缆、变压器、移动通信器材、空调、电视机、烤箱烤炉、石油公司、国际贸易公司等。同时,撤销了原有的事业部和战略经营单位的编制,重新组成了13个具有强大竞争力的事业部,把公司的业务集中在高科技产品与获利丰厚的服务上。在这一阶段,GE共出售了价值110亿美元的企业,解雇了17万名员工。在关、停的同时,GE买进了价值260亿美元的新企业。

GE现有企业中表现最佳的都符合以下四点要求:第一,在行业内数一数二。第二,具有远高于一般水准的投资回报率。第三,具有明显的竞争优势。第四,能充分利用GE特定的杠杆优势。

争做第一名或第二名的经营理念为GE赢得了巨大的成功。

韦尔奇初掌GE时,GE销售额为250亿美元,盈利15亿美元,市场价值在全美上市公司中仅排名第十,而到了1999年,通用电气实现了1110亿美元的销售收入(世界第五)和107亿美元的盈利(全球第一),市值已位居世界第二。韦尔奇初掌GE时,旗下仅有照明、发动机和电力3个事业部在市场上保持领先地位,而如今已有12个事业部在其各自的市场上数一数二,如果单独排名,GE有9个事业部能入选《财富》500强。在韦尔奇执掌GE的19年中,公司一路快跑,并因此连续3年在美国《财富》杂志"全美最受推崇公司"评选中名列榜首。

密码透析

消费者对任何堪称"第一"的事物都有着浓厚的兴趣,并能产生良好的记忆效果,他们很容易记住某类商品中"最好"的品牌。据研究,在消费者心中被认为是"第一"的品牌,比处于第二位的市场占有率要多一倍以上,而第二位又比第三位多一倍以上。这就是说,如果你的企业排在第三、第四的话,就只能跟在老大、老二的屁股后面跑,同时还要担心自己遭受到老大、老二和后来者的打压、颠覆。这样的企业可以说每时每刻都在担心自己的产品卖不出去。

企业家们每天都在喊着"只做第一,不做第二"。其实并不是第二有什么丢脸的,能成为第二已经算是很了不起了,但是要想获得最大的利润,必须成为第一。因为第一在消费者的心中是最好的,无需任何证明。

而谁为第二,人们就不怎么关心了。第一个发现新大陆的是哥伦布,第二个是谁?不知道。大家都知道世界最高的山峰是珠穆朗玛峰,那么第二高的山峰呢?恐怕知道的人就不多了……一个排名在十几名的企业,由于只占有少数的消费者,只能在夹缝中求生存。

要成为第一,不是件轻而易举的事情,需要企业的专注和研发出具有特性的产品。

可是我国许多初步成功的企业认为专注定会吃亏,因而不想发展自己最拿手的。它们总是看别人碗里的饭香,对专注带来的好处,对自己已经成为品类的代表品牌所蕴涵的巨大价值认识不清,纷纷多元化,结果没等被对手打败,自己先乱了阵脚。长虹、春兰、小天鹅等在这方面都跌了大跟头。而这也正好为专注的追赶者超越它们提供了机会。

有专长的公司更赚钱,赚钱的公司才能活出分量、活出精彩,才有机会成为第一。这是规律!世界500强企业都是集中优势和力量的高手,是某一领域的"专才"。比尔·盖茨是专才,巴菲特是专才,"肯德基"是专才,"可口可乐"是专才,所以他们都成为全球企业的领导者。

现在已不是"酒香不怕巷子深"的农业时代,而是竞争激烈的商业时代,会做的不如会吆喝的。当代社会,消费者无时无刻不在面对各种宣传信息的轰炸。人们的感觉神经已经变得麻木,很难用理性去判断自己的消费需求了,更多的是"跟着感觉走",而这种感觉就是看谁最专业,谁是第一。

现在的消费特点是,除了产品的品质,人们更看重产品所带来的独特的情感体验。我们应该知道,轿车的重点不在运输,食品不在于要你吃饱,饮料不在于让你止渴……

我们的目的是让别人知道自己的产品,要为产品找到与众不同的"第一性"。这就需要企业家集中所有的力量、运用各种手段去"刺激"消费者,从而让他们记住你,并将你冠名为"第一"。

有一句话说得好:"有条件要上,没有条件,创造条件也要上。"如果没有第一,你就自己创造第一。这就需要你去发现新需求,开拓新行业,在行业和品类的新生、分化和升级中做老大。就好比你爬上了喜马拉雅山,

你可能不是第一人,但是,你研究了以前爬上喜马拉雅山的人后发现,他们当中有中国人、美国人、有日耳曼人、犹太人、有老人、年轻人,但就是没有女人,而你恰恰是一位女性,你就可以说:"我是第一个爬上喜马拉雅山的女人。"这就是创造第一。

技术、物质的独特性有限,而情感、思想的独特性则是无限的。雨果说:"比海洋更广阔的是天空,比天空更广阔的是人的思想。"思想是无限的,所以"第一"也是无限的。当然,当你拥有了"第一"特性的时候,你更需要像"通用"一样,集中所有的力量,去守护自己的第一。

☆诺基亚——集中优势兵力,才能成为第一

战略效果

哪一种胶卷最好?柯达,它是领导品牌;哪一种进口啤酒最好?喜力,它是领导品牌;在中国,哪一种国产电脑最好?联想,它也是领导者;果冻呢,当然首选喜之郎……

几乎所有的行业都有一个占有最大市场份额的领导者。领军企业在市场中的一言一行,对其他企业起着广泛的影响,用夸张的修辞手段来形容,它咳嗽一声,大地都要晃三下。其他的企业,很少有以"无知者无畏"的姿态向它提出挑战的,大都是对它顶礼膜拜,心不甘、情不愿地跟在后面当"马仔"。而以上这些成功企业的经营策略,都是在企业发展到一定规模的时候,对业务领域进行重新定位,将经营重心聚集于自己擅长的领域,发挥企业的最大优势,而将非擅长业务出售或关闭。

集中优势兵力,不是资产规模的简单扩大或缩减,而是提高资产质量和资产的投资回报率。诺基亚曾是多元化经营的企业,通过集中优势兵力,该公司将重心放在网络通信设备领域,并因此成为该领域的老大。

经典案例

1998年8月的一天,位于芬兰赫尔辛基西部的诺基亚总部一片欢腾,人

们打开一瓶又一瓶的香槟,庆贺公司销售网络覆盖的国家超过了麦当劳。

当时,诺基亚已在10个国家建厂,在45个国家设立销售办事处,拥有48000名员工;产品销往130个国家,比麦当劳多15个,年销售额达到1180亿瑞典克朗。

芬兰,是一个并不显赫的北欧国家,而诺基亚,也不过是一个小村庄,最初的诺基亚公司更不起眼,只是一家小小的木材加工厂。

这一切,都和诺基亚的一个"败家子"变卖家产分不开。

这个"败家子"是诺基亚的总裁约玛·奥利拉。1993年,奥利拉下达命令:将移动通信之外的部门通通卖掉!

此命令一出,立即遭到大家的强烈反对,尤其是那些老员工,大骂奥利拉是在败家。

奥利拉没有改变自己的决策。他的理由是:卖掉其他部门,以保证移动网络和移动电话业务的持续发展。

他真的行动了。

每出售一个部门,诺基亚的老员工就会减少。随着部门的出售,诺基亚的队伍也越来越年轻。有一年,某技术学院一个班的毕业学生全都来到了诺基亚。

不久,所有芬兰人都认识到,"败家子"约玛·奥利拉快速而坚定地转向电信业的发展规划以及出售诺基亚其他部门的"败家"行为是多么富有创意的决策。而正是这一决策使诺基亚步入了快车道。

任何看到1992年诺基亚统计资料的人都知道,电信业务才是诺基亚的饭碗,可是,没有人能够作出丢掉其他部门的决策,除了奥利拉。当时,诺基亚是多元化经营的企业,1992年移动电话利润是655万瑞典克朗;电信利润是640万瑞典克朗;电视机制造亏损1176万瑞典克朗;电缆、机械利润是171万瑞典克朗;其他业务利润是139万瑞典克朗。

当人们举杯为超越麦当劳而庆贺时,奥利拉却一直强调诺基亚的成功是集体努力的结果,是诺基亚所有48000名员工共同的成就,他说:"在我个人看来,我的作用就是一个总推销员。"

奥利拉于1950年出生于芬兰的库里卡镇。1979年,奥利拉暂时中断

了他在伦敦一家银行的工作,开始服兵役。兵役结束后,正好这家银行在芬兰设立分行,奥利拉就成了该分行的主管。银行的一个大主顾就是诺基亚,通过一次对诺基亚现状的评估,奥利拉发现了诺基亚在与外界交流中存在的严重缺陷——缺少那些迅速成长的企业所要求的组织形式。于是,他建议当时的诺基亚总裁卡里·凯拉莫进行彻底的组织革新。

1984年9月,凯拉莫邀请奥利拉会面。不久,奥利拉加盟诺基亚。

1985年,奥利拉被任命为外联部主管。

1986年,奥利拉被提升为财务主管。

1988年,凯拉莫自杀。凯拉莫的许多亲信相继离开,奥利拉继续得到信任,地位进一步加强。

1990年,奥利拉升任诺基亚移动电话部的主管。

1991年12月,奥利拉很意外地被任命为新的总裁。

当时,诺基亚的员工对他并没有什么期望,因为当时诺基亚危机重重,不少员工已经给它判了"死刑"。他们认为没有谁能够挽救得了诺基亚。就连奥利拉本人也没有什么信心。

但是,1992年的最后一个季度,奥利拉的信心随着资料显示的效益增长而提高了。到1993年,诺基亚已经摆脱了危机的阴影走向光明,奥利拉开始了大刀阔斧的革新,最后让诺基亚成为网络通信设备领域的佼佼者。

密码透析

19世纪德国著名军事理论家克劳塞维茨说过:"在决定性地点,你必须把尽可能多的军队投入战斗。"同样的道理,企业要打造真正的品牌,也必须围绕它的定位,聚集所有的力量。

早在20世纪80年代末,当美国企业纷纷陷入多元化陷阱的时候,管理学家里斯就撰写了被称为"管理史上加农炮"的《聚焦》一书。书中说道:"太阳是一种强能源,它以每小时数亿千瓦的能量照耀地球。但借助一顶遮阳帽子,你就可以沐浴在阳光下数小时而不被晒伤。激光是一种弱能源,聚焦一束激光只有几瓦,但是凭借这束光,你可以在钻石上打洞或者切割肿瘤。这就是聚焦的力量。"

我们看到许多企业干了诸多行当,多年之后还在寻找赚钱的项目,因

为它从来就没有在一个行业里形成过核心竞争力。这种企业不可能长期赚到钱,也根本实现不了持续发展与扩张,更没有登顶做老大的可能。

如果不是基于未来,那么企业今天赚多少钱都毫无意义,十次赚的钱一次失败就足以倾家荡产。

中国的企业家必须明白,是否聚焦,是否凝聚核心竞争力,这是关乎企业生死存亡的战略抉择,来不得半点虚伪和闪失。

如果万宝路不舍弃女性顾客,它就不会有今天的成就;如果诺基亚不舍弃电脑、MP3 等其他产品,它就不会成就今天的辉煌;如果美国西南航空公司不舍弃货运舱、头等舱、国外航线等一块块的"肥肉",专心做它的商业舱、经济舱、国内航线,它就不会存活到现在。

根据《财富》杂志的统计,在全球 500 强企业中,单项产品销售额占企业总销售额比重 95% 以上的有 140 家,占 500 强总数的 28%;主导产品销售额占总销售额 70%～95% 的有 194 家,占 38.8%;相关产品销售额占总销售额 70% 的有 146 家,占 29.2%。以上三种情况相加,共占 500 强企业的 96%。这说明,500 强企业的核心竞争力来自于最擅长的行业,而不是面面俱到的多元化品牌。

这个数字揭示了领先企业的成功规律:聚焦主业,才能形成有竞争力的核心专长,才能使企业的赢利能力充分放大,才能把企业带向最终的成功。至于是聚焦主业才使它赢利,还是为了赢利而向赢利的和有赢利前景的业务上集中力量、形成主业,最终目的和结果是一样的,这并不重要。结论只有一个:不聚焦,便不能成功!

☆高露洁——寻找自己独一无二的特性

战略效果

在全球快速消费品领域,能够让宝洁尊重的对手并不多,高露洁堪列其中;在全球快速消费品领域,能够始终保持 40% 绝对市场占有率的企业

也十分稀少，高露洁却一直牢牢地占据全球牙膏产品40%的市场份额；在全球快速消费品市场，以单一品牌做到50亿美元以上的企业凤毛麟角，高露洁凭借几乎是单一品牌逐鹿全球市场，以95亿美元营业额让对手敬畏；面对中国市场巨大诱惑能够独善其身的跨国公司很少，高露洁却仿佛置身世外桃源，目标坚定地锁定中国口腔护理产品，将一个低值、易耗、低关注度的牙膏产品做成了数十亿元规模的大蛋糕。而它最重要的战略就是推出"没有蛀牙"的理念和目标。

经典案例

在《成功营销·新生代2003年度品牌竞争力排行榜》上，高露洁在牙膏产品类别中，夺得了市场份额、品牌忠诚度和综合竞争力指数三项第一，是牙膏行业中当之无愧的最具竞争力的品牌。宝洁公司一直耿耿于怀其牙膏品牌"佳洁士"比高露洁晚3年进入中国市场，一步之差，使得佳洁士的市场份额只有高露洁的一半左右。

自1992年进入中国市场以来，高露洁在中国迅速发展，主要是建厂房，与百货行业沟通，产品面市；参与和组织许多牙病防治方面的公益活动，树立品牌形象。到1999年，高露洁在中国市场份额首次居第一位。

据说，高露洁在进入中国市场之前，曾经用约3年时间做市场调查。调查发现，国产牙膏虽然都很重视做广告，但是同质化现象非常严重，诉求对象几乎都是成年消费者，广告无非都是美女、微笑等画面。

高露洁公司经过一系列研究后认为，防蛀型市场是当时中国市场最具潜力、同时也是公司最能发挥自身特长的市场。

牙膏产品与人们的生活关联很大，而广告的诉求内容——防治蛀牙，又比较理性，以权威人士或专家做品牌的代言人最为合适。因此，高露洁设计的广告画面，是面目和蔼的"白大夫"向孩子们讲述高露洁牙膏以双层氟化物保护牙齿的功能。高露洁棕榄公司的中华区总裁方宝惠女士也说，高露洁希望被消费者当成一位穿着白大褂的"口腔护理专家"，他（她）保守诚实、知识渊博、富有爱心。高露洁广告成功的另一个秘诀是，进行传播知识的教育营销。高露洁在全世界倡导口腔健康教育已有100多年，大大提高了全球牙齿护理类产品的消费量，"我们的目标——没有蛀

牙"这句简单的广告语深入人心。为推广其理念,高露洁每年在全球的广告投入为1.8亿美元,中国的广告费约为1亿元人民币。

高露洁公司在促销和公关上也一直在配合品牌的"口腔护理专家"形象。从进入中国市场的第一天起,高露洁就十分重视与口腔专业人士进行良好合作,还与中华预防医学会、中华口腔医学会和全国牙防组等专业团体一起,共同开展了针对儿童的"甜美的微笑,光明的未来"口腔健康教育活动。这些举措,对树立其"口腔护理专家"的品牌形象,起到了积极的推动作用。

2001年,高露洁与口腔界权威组织联手开展了"口腔保健微笑工程——2001西部行",在牙膏消费量较低的我国西部地区开展口腔保健普及教育。2003年,高露洁在我国针西部地区的销售收入已经接近公司收入的40%。

连一向以出色的营销手段而闻名的宝洁公司也不得不效仿高露洁的营销手法。比较"高露洁"和"佳洁士"近年来在中国的宣传手段,不难发现佳洁士身上浓重的高露洁痕迹。

此外,凭借建立丰富的产品线,高露洁更加强化了自己"口腔护理专家"的形象。在中国市场上,它成功推出了最高价位的"全效"牙膏和高露洁捷齿白美容液等口腔护理相关产品,从中档到高档共有9类。据英国《金融时报》报道,高露洁与雀巢联手开发的"高露洁护牙口香糖"也即将在中国推出。此次合作的意义还在于,通过与雀巢分销渠道的互补,高露洁在中国的市场渗透率将会得到更大的提高。

密码透析

"防止蛀牙"的特性,在美国一直被佳洁士所占有,但在中国却没有一个品牌去抢占,高露洁很聪明,它率先发现了这个可以利用的机会。

于是,从1992年开始,它就在中国宣传树立自己"没有蛀牙"的特性。它做得非常成功,以致在后来的许多年中,佳洁士用了成倍于高露洁的广告投入试图抢回这个特性,都没能成功。

高露洁采用的是"产品特性法"战略。产品特性法,顾名思义,就是要你发现、发掘你的产品区别于其他产品的地方,并紧紧抓住这个特性大做

文章,使它深深刻在消费者心中。当消费者一看到你的产品,就联想到同类产品当中独一无二的特性,他们自然就会钟情于你的产品。一旦你的产品成为了某一特性的代名词,就意味着它在消费者的心中深深地扎下了根。

特性心理学告诉我们,虽然每个产品都是各种特性的混合体,但只有一种特性能够广为人知,使其独领风骚。例如,玛丽莲·梦露,她可能也拥有高智商,但是这不重要,人们记住的永远是她迷人性感的容貌和妖娆妩媚的身材;周星驰,他可能拥有演绎其他类型电影的才艺,但是这也不重要,人们会更多地想起他那些经典的无厘头喜剧等。

每个企业家都应该明白,企业所有的卖点宣传一定要强调自己的特性,在自己的特性上下大力气。"同性相斥"是永远的宇宙法则,两个公司在消费者心目中永远不能代表同一特性。

没有特性的品牌,就是弱的品牌。那些成功的品牌,往往都具有某些"唯一性"。如果你能在消费者的心目中形成自己的特性,人们就会给你附加上很多其他的好处,这就是所谓的光环效应。比如,当所有的航空公司都一模一样的时候,英国第二大远程国际航空公司即维珍航空公司找到了自己的特性定位——世界上唯一可以让乘客在飞行中打手机的航空公司。

正是这样独树一帜的宣传策略,在消费者的心中留下了难以磨灭的印象。消费者记住了它以后,就会把它排在所有航空公司的前面,想坐飞机的时候,就会很自然地选择维珍航空,因为人们总是根据头脑中的记忆、经验来作出各种反应和决定。人是理性的,但更多的时候是"跟着感觉走"的。

采用"产品的特性"战略,以下几点需要特别注意。

第一,产品的特性必须是消费者感兴趣的,而非企业的一相情愿。

第二,产品的特性必须跟其他企业的产品特性有明显的区隔点。千万不要选用别人用过的特性概念,否则就是替别人的品牌做宣传,因为消费者已经被那个品牌教育过,已经认同了那个品牌,就算你使尽浑身解数,也很难扭转过来。

第一章

第三,如果你确定自己要用其他品牌用过的产品特性,就要100％肯定自己会比那些品牌做得更好。比如宝洁公司的"海飞丝",大家都知道它的品牌定位是"去头屑,使你更洒脱,更酷"。而西安杨森又出了一个洗发产品"采乐",它的产品特点也是"去头屑",但它在进行定位时,突出了自己产品的特性——西安杨森是制药企业,所以它突出自己的专业性和优秀品质,品牌诉求为"采乐去屑,针对根本",把自己定位为一个去除头皮屑的专家,如此一来,便给消费者一种不同于海飞丝的更加专业的感觉。这样,在品牌特性的定位上,"采乐"就与"海飞丝"所追求的洒脱、时尚有了差异性,从而避免了与"海飞丝"的正面较量。

第四,利用产品的特性时,必须突出一个"唯一"的主要利益点,而不能同时推出多个特性,否则就会变成没有特性。最有效的特性是简单的,无论市场的需求如何复杂,聚焦于一个特性、一个利益点比有两个、三个或更多特性,效果要好得多。

最后,如果你不去聚焦于自己的产品特性,你的产品就将没有任何优势。为什么有些汽车品牌,它们从一开始就处于弱势地位?就是因为它们没有明确的特性定位,没有让消费者印象深刻的地方。

第二章 决策观：

牵一发而动全身

决策正确与否,始终是决定每项事情生死攸关的大事。作为决策者,对每一项决策,都应尽力争取成功的概率接近于1,失败的概率接近于0。每个企业都要有自己的决策团队和决策机制,让自己的每项决策从感性经验上升到理性层面,使之建立在科学和理性的基础之上。

☆肯德基——决策就是预测

决策效果

经营决策是一个复杂多变的过程,决策的过程和程序也不是千篇一律的。如果只机械地按照一般原则行事,那么只会像马谡失街亭一样,走向失败。

"凡事预则立,不预则废。"每一项决策,都必须做好各种准备对策,这样,在面临多种变化时,才能应对自如,赢得成功。

经典案例

每一项正确的决策都必定有其科学的基础。美国肯德基炸鸡打入中国市场的成功,很重要的一条,就在于它的决策建立在广泛收集信息,对中国市场进行充分预测的基础之上。

起初,肯德基公司派了一位执行董事来北京考察中国市场,他来到北京街头,看到川流不息的车辆、熙熙攘攘的人群,非常兴奋地向总部汇报说:"中国的市场潜力很大。"当总部向他询问具体的数据资料时,他却张口结舌,说不上来了,结果被总公司降了职。

紧接着公司又派出一位执行董事来考察。这位董事没有走马观花,而是实实在在地做了几件事情,精心地进行调查和实测。

这位董事在北京的几个街道上,用秒表测出人流量,大致估算出每日每条不同街道上的客流量。他还利用暑期,临时招聘了一些经济类的大学生做职员,在北京设置品尝点,请不同年龄、不同职业的人免费品尝肯德基炸鸡,尤其是在北海公园这座皇家园林,利用其风景秀丽、游人众多的特点,广泛开展征询活动,听取品尝者对炸鸡味道、价格、店堂设计等方面的意见和建议。不仅如此,这位董事还对北京鸡源、油、盐、茶及北京鸡饲料行业进行了调查,并将样品数据带回美国,逐一做化学分析,经电脑汇总得出"肯德基"打入北京市场会有巨大的竞争力的结论。

成功企业的密码

　　1987年,美国肯德基炸鸡公司在北京前门正式开业,他们凭着鲜嫩香酥的炸鸡、一尘不染的餐具、淳朴洁雅的美国乡村风格的店容,加上悦耳动听的钢琴曲,赢得了来往客人的声声赞许。肯德基炸鸡店开张不到300天,赢利就高达250万元,原计划5年才能收回的投资不到两年就收回了。这一切的得来,在很大程度上靠的是肯德基在最初"测"的良苦用心——设置品尝点、征询众人意见,从深入细致的调查入手去开拓市场。

密码透析

　　肯德基为何能顺利打入中国市场?是由于他们在作出每项经营决策时,都是做好预测准备的。在论证决策的可行性时,总是把同行们的竞争意图、竞争策略、竞争能力、竞争手段和竞争时机等作为重要问题来研究,并相应准备好对策。同时,在预测市场发展趋势时,充分考虑未来竞争因素及市场变化的因素,这样就避免或减少了偏差,增强了决策的可靠性。

　　当今时代,市场情况千变万化,更显出预测的重要性。

　　上海洗涤剂五厂生产的海鸥洁瓷精是深得家庭主妇们喜爱的产品,这种产品,就是由于预测准确而结出的一个硕果。原来,这个产品是一家骨胶厂生产的,一年虽只产十几吨,却有一大半销不出去,于是该厂决定收摊。上海洗涤剂五厂对这个产品作了一番详细调查与预测,认为国家建设事业在发展,鳞次栉比的新房正在兴建中,居民的生活条件也在改善,这有可能使搪瓷卫生设备的市场需求量激增。而使用搪瓷卫生设备,就需要去污除垢的洁瓷精。

　　在科学准确的预测的前提下,上海洗涤剂五厂果断决策,向骨胶厂要来了这个产品转产权,通过采用有效的营销手段,很快打开了市场。

　　美国企业家哈默,他的成功也得益于科学的预测。他从莫斯科回到美国后不几年,第二次世界大战爆发,战争造成市场上谷物紧张,美国政府于是下令:不准用谷物酿酒。哈默得知这个信息后,预测到威士忌酒马上会成为紧缺货。当时美国酿酒厂的股票为每股90元,而且以一桶烈性威士忌酒作为股息,哈默立即买了5500股,因而得到了作为股息的5500桶威士忌酒。

　　果然,市场上威士忌酒很快短缺,哈默不失时机地把威士忌酒改为瓶装,并贴上"制桶商标",结果这种酒大受欢迎,买者排成长龙。当哈默的5500桶酒已卖掉2500桶的时候,一个化学工程师建议将这种酒掺上80%的廉价土豆酒精,数量可增加5倍,而且这种混合酒味道也不错。

哈默如法炮制,制造"金币"混合酒,大发其财。然而好景不长,1944年美国政府不再限制用谷物酿酒了。这对哈默来说,是个不小的打击。哈默立即对形势作了分析,他认为第二次世界大战不会马上结束,即使马上结束,美国经济也不会立即好转起来。哈默认为谷物开放的时间不会太长,为了验证自己的预测的准确性,他请了一些经济专家及有关权威人士对这个问题进行了研究分析,大家的结论与他的看法完全一致。于是,他下决心继续廉价购买无人问津的土豆酒精,配制"金币"混合酒。果然不出哈默所料,"谷物开放"只持续一个月就告终了,哈默的"金币"酒比以往更畅销了。

从肯德基、上海洗涤剂和哈默的成功事例中不难看出,一个企业要在复杂的市场环境中获得经营成功,必须有正确无误的决策。要达到决策无误,必须对影响市场变化的种种因素进行研究、分析、预测。决策时,不能只顾眼前利益,忽视长远目标。实施决策前,必须研究出切实可行的措施和应变的对策。

☆大宇实业——赢得信息,就是赢得市场

决策效果

作决策需要掌握大量的信息,光靠拍脑袋、拍胸脯,干了再说,是行不通的。决策者如果没有树立起信息观念,不遵循信息原则,要干成大事业几乎是不可能的。因为在信息社会里,信息就是资源,信息就是财富,能及时获得准确可靠的信息,是企业在竞争中取胜的法宝。

经典案例

韩国大宇公司是富有影响力的国际企业,公司总裁金宇中对信息相

当依赖。他说:"大宇实业在竞争中的成功,靠的就是有效的信息。"金宇中清晰地认识到,在信息社会里,信息就是资源,信息就是财富,能及时获得准确可靠的信息,是企业在竞争中取胜的法宝。

20世纪70年代,美国纺织行业面临着一场深重的危机,纺织行业的年增长率超过了32%,其中韩国向美国出口的纺织品占美国纺织品市场的35%,而且向美国出口的几种特定商品的市场占有率超过了20%。

在这种情况下,金宇中意识到美国对纺织品的大量涌进迟早要实行进口限制。为此,他于1971年5月不惜重金雇用了熟悉美国商业部内部情况的美国人为顾问律师,获得了花几十倍金钱也换不来的大量经济信息,其中包括美国将要对韩国向美国出口纺织品实行限制这样重要的情报。根据情报,金宇中作出了切实可行的正确决策,对企业经营进行了调整,当"限制"到来时,不仅没有失去市场,反而赢得了更多的美国市场。

对此,金宇中深有感触地说:"在一个多变的市场经济世界里,信息的重要性不光在于告诉人将来可以做什么,更重要的是可以提醒你现在该做什么。"可见,善于捕捉信息、敢于探索尝试,是一个企业决策成功的关键。

密码透析

信息被人们公认为"无形的财富"。企业管理者如能及时、准确地获得有用的信息,科学预测发展趋势,作出准确的决策,就可以给企业带来巨大的成功;如果信息不灵或误用信息,便可能导致企业走向失败。

20世纪80年代,在湖南召开了一次电炊具订货会。当时有24家有关企业参加,实力稍逊一筹的厂家只有广东湛江家用电器公司,其余23家均为实力雄厚的大厂家。面对如此强大的竞争对手,湛江家用电器公司没有急于在订货会上展示自己的产品,而是先看看其他23家展出的产品。

结果发现,这23家企业的产品各有所长,但品种单一,规格不齐。于是,该公司迅速组织几名技术人员悄悄到附近农村去实地考察,发现那里因小水电资源丰富,农村家家户户已普遍用电,而且电费相当便宜。农民不仅需要煮饭的电饭锅,而且需要集炒菜、烧水、取暖、煮猪食等功能于一体的电饭锅,还需要适合小水电资源的系列电炊具。几名技术人员立即拿出了系列化的适合当地条件的电炊具设计图纸,公司领导迅速决定按

图纸设计赶制样品。一阵紧锣密鼓之后,他们又匆匆赶回订货会场,亮出了自己手中的"王牌"。最后,该公司以能够提供适合农村电源、品种全、质量优、价格廉的系列电炊具产品而一举囊括了订货会的全部订单,令其他20几个厂家瞠目结舌。

实力较弱的湛江家用电器公司在当时的订货会上能一枝独秀,关键在于他们注重信息,并能及时地处理信息。他们获得信息后,通过实地调查,分析市场需求的普遍性和特殊性,迅速作出用己之长、制人之短,满足消费者需求的决策。

如果他们当时虽然掌握了其他厂家产品单一、不实用的信息,但不能迅速进行实地调查,并根据调查得来的信息,去迅速地生产样品,及时在订货会上展出,那将会是另外一种结果。

☆IBM——失去时机,正确的决策也是错误的

决策效果

在市场竞争中,企业家必须具有敏锐的观察力,善于发现潜在的、别人尚未发现的机遇,并且先人一步,紧紧把握难得的机遇,当机立断,全力以赴地去投入、去经营、去管理,从而获取极大的优势地位和极丰厚的利润。如果决策不及时、不果断、不坚决,就会失去良机,不管你有怎样美好的规划,都无法达到预定的目标。

同一决策,在甲时间作出是正确的,在乙时间作出可能就有失误,而在丙时间作出可能是致命的。决策者应该知道如何把握良机,正确有效地作出决定。

经典案例

托马斯·沃森是IBM的缔造者。第二次世界大战后,沃森的长子小沃森成为IBM的执行副总裁助理。当时正是"打孔卡计数器"和"电子计算机"这一老一新两大电子产品并存的时代。小沃森敏锐地预见到电脑

成功企业的密码

的市场前景,认为"电脑粗大笨重、运算不可靠、价格昂贵"的说法是缺乏远见的,他向老沃森提出建议:迅速投入人力、物力,进行电脑的研究工作,将生产和销售电脑作为公司未来的发展战略。但老沃森看到公司当时的打孔卡计数器及打字机制表机等主导产品仍热销市场,对电脑的前景心存疑虑,因此,IBM没有立即实施小沃森提出的战略规划。

此后,随着科技的进步,老沃森才逐渐接受小沃森的建议,但仍行动缓慢,投入不足,因而收效也不大。

而与此同时,其他公司在电脑领域飞速进步,到20世纪50年代初期,IBM的主要竞争对手兰德公司荣耀地确立了在电脑产业中的领先地位,而IBM只处于中等水平。随后,老沃森的主导产品全面滞销,而打败IBM打孔卡计数器的正是电脑。

老沃森又气又悔,这才决定让小沃森出任公司的执行副总裁,实施他的战略规划。小沃森经过9年的不懈努力,使IBM获得了巨大收益,为IBM成为电脑巨无霸打下了坚实的基础。

密码透析

企业的生存环境是个复杂多变的世界,今天企业可能还处于绝对优势,明天就有可能四面楚歌。如果决策者不保持高度的危机感,认不清现实,不能正确预测未来,对一切变化麻木不仁,熟视无睹,不及时采取相应对策,企业就有可能遭殃。

IBM在被竞争对手甩在后面后,急起直追,最终超越对手,从这一点上来讲,它是幸运的。不过,那是处在那个竞争不怎么激烈的时代的幸运,在如今这个超竞争的时代,你错失了时机,往往就面临着被淘汰的危险。所以说,与其亡羊补牢,不如把握时机,抢在别人的前面。

前些年,哈尔滨中药三厂通过汇总大量信息后发现,随着人们物质生活和文化修养的提高,人们对夫妻生活和谐有了更高的要求,决定立即投产"三肾海马丸"。但还有三家药厂也捕捉到了这一信息,也要上马。于是竞争展开了。中药三厂对试制、审批、人员、设备、场地五大项一起抓,只用了48天便形成了生产能力,当年就大获其利。而另外三个厂最快的一家半年之后才投产。中药三厂厂长兴奋地说:"我们齐头并进,惜时如金,比他们节省了4/5的时间,比他们提早半年占领了市场。"

《孙子兵法》中说:"兵贵胜,不贵久。"企业在竞争中时间就是金钱,必须立足于"快",正如有的企业家所说:"抢先一步走在别人前面,便可将经营引向成功。"

英国作家狄更斯说过这样一句话:"这是一个最好的时代,这是一个最坏的时代。"我们无法忽视当今时代发展为我们提供了无数的机遇和有利的条件,但同时,所有企业也无法避开激烈竞争所带来的"生存还是死亡"的抉择。在这样一个时代,停顿就意味着死亡。在滑铁卢大战中,大雨造成的泥泞道路使炮兵移动不便,拿破仑不甘心放弃最拿手的炮兵,而如果推迟时间,对方增援部队有可能先于自己的援军赶到,那样后果不堪设想,踌躇之间,数小时过去了,对方援军赶到,战场形势迅速逆转,拿破仑遭到了惨重的失败。拿破仑的失败足以证明:在决定前途和命运的关键时刻,不能犹豫不决,徘徊彷徨,而必须明于决断、敢于放弃。

在超竞争的时代,你的竞争对手不会傻傻地坐在那里等你,这就注定了一个企业的发展需要速度。在选择面前犹豫不定,你失去的不仅是时间,更是机遇;而谁抓住了机遇,谁就有望获得成功。

综观无数成功企业家的经历,他们之所以能获得成功,没有一个不是能够抓住先机,果断地行动的。他们与众不同的地方就是:只要是自己认为正确的事情,绝不会优柔寡断、瞻前顾后,而是抓住时机立刻行动,他们都有一种在机会面前赌一把的冒险精神。所以,他们能够有比别人更多的机会,取得比别人更大的成功。

☆可口可乐——永远不轻易放弃自己的底牌

决策效果

作为一名企业管理者,一定要明白自己最需要什么,在激烈的市场竞争中,千万不要被竞争对手或市场的一些假象所迷惑,无论何时都要做到

拿好并保护好自己的最后一张底牌,只有这样才可做到胜券在握。

在面对竞争时,如果表现得惊慌失措,迅速亮出自己的底牌,就好像你让别人看到了你家里的全部家底,你随时都有被盗窃的可能,而这种被盗窃的行为的不确定性,会让你感到无限的威胁。

经典案例

20世纪的相关调查显示,全球最流行的三个词语分别是"上帝"、"她"和"可口可乐"。可口可乐,无疑是20世纪最负盛名的品牌。近百年来,它一直占据着全球软饮料行业龙头老大的位置。

自可口可乐诞生以来,曾经有很多企业仿制出了类似可口可乐的饮料,但却没有一家能够与可口可乐同日而语。在营销史上,百事可乐和可口可乐的战斗一共打了105年,但是前面的70年可谓曲折坎坷,百事可乐长期生活在可口可乐的强大压迫之下。

在1950年以前,百事可乐在美国被叫做"黑人的饮品",在加拿大则被说成是"法语人的饮品",言外之意是说百事可乐是"低下阶层的饮料"。百事也曾三次上门请求可口可乐收购自己,均遭到了拒绝。

直到进入60年代末期,当百事可乐定位于"年轻人的可乐"时,才算找准了可口可乐战略上的弱点。百事可乐针对可口可乐这一软肋,发动了一系列有针对性的营销攻击,才改变了可口可乐一头独大的品牌格局。

百事可乐的这一壮举,出奇制胜,严重动摇了可口可乐的至尊地位。此时的可口可乐被打得措手不及,为了迎合消费者新的口味要求,挽回"百事新一代"对可口可乐市场的冲击,可口可乐决定放弃自己用了99年的"神圣配方",花费400万美元的巨资推出了"新可口可乐"。为了扩大对"新可口可乐"的宣传效果,公司在纽约市林肯纪念中心举行了一次记者招待会,约有200家报纸、杂志和电视台的记者应邀到场。

24小时之内,81%的美国人就知道了可口可乐的这次变化,远比知道1969年7月美国宇航员在月球上行走的人还多。最初的4个小时,公司接到了约650个电话。3个星期之后,电话以每天5000个的速度增加,并且还有很多愤怒的信件。

"新可口可乐"大大地伤害了许多消费者对老牌可口可乐的忠诚,也伤害了他们对老可口可乐的感情。旧金山成立了一个"全国老可口可乐饮户协会",并举行了抗议新可口可乐的游行示威活动。一些美国人甚至威胁说要改喝茶水。还有人竟然开始储存老可口可乐了。也有人趁火打劫,倒卖起老可口可乐来获利。

百事可乐公司见此情形,更是推波助澜、火上浇油,到处散播"既然是好配方,为何要改变"的谣言。可口可乐由于自己一时的决策失误,导致了顾客的强烈不满,再加上竞争对手的咄咄逼人,使原来强悍无比的大企业一时陷入无法自拔的危机之中。面对四面楚歌的严峻局势,可口可乐公司只好马上宣布,恢复原来的"神圣配方",同时"新可口可乐"仍继续生产。他们把原来的配方命名为"古典可口可乐",把新的配方命名为"新可口可乐"。经过这一番周折和改变,可口可乐公司的销售额才得以回升。

密码透析

在推出"新可口可乐"之前,可口可乐公司也曾在美国和加拿大的几个重要城市进行了大量的市场调查。调查结果显示,无论是美国人还是加拿大人,他们都希望追求一种新的生活方式,而且很多被调查者认为可口可乐的古老配方在百事可乐具有朝气的强势攻击下,缺乏一定的竞争力。正是这次调查的结果,促使可口可乐公司迅速推出了"新可口可乐"。但它忽视了一个非常重要的问题:消费者对知名品牌的感情支持度。

可口可乐被誉为"美国精神的象征",并被大多数美国民众认可和接受,甚至连百事可乐因忍受不了长期生活在可口可乐的强大压迫之下,曾三次上门请求可口可乐收购自己。可以想象得出,可口可乐这品牌是多么的强大。可一夜之间,它突然宣布老产品停产,推出新产品,自然伤害了消费者对老品牌产品的感情与忠诚,并且给了百事可乐趁机抢占市场的大好机会。

在可口可乐改变配方后,百事公司就推出了攻击性很强的一则新广告。

广告首先提出一个问题:"为什么可口可乐要改变配方?",接着出现一个小女孩,满怀悲伤地说:"他们把味道变了!"接下来,这个小女孩拿着一瓶百事可乐,在痛快地喝下一大口之后,恍然大悟地说:"噢,现在我知

成功企业的密码

道了！"

这则堪称经典的百事广告，不仅再一次在目标消费群中塑造了百事可乐的美誉度，而且使得一大批原属于可口可乐品牌的消费者，也纷纷倒戈，因为他们认为"新可口可乐"不再是正宗的可乐。

在新的产品还没有占领市场之前，就急不可待地宣布旧产品停产，放弃自己的底牌，是可口可乐公司犯下的致命错误。这一错误，不仅使自己丧失了原来的至尊地位，也险些陷入困境。

在国内也有这样的例子。

从前中国的火腿肠市场分别被双汇和春都两大企业垄断。但是，春都的老总当年并不知道什么是自己的底牌，当春都火腿肠获得成功的时候，他手下的人建议："老总呀，我们开一个养殖场吧！我发现给我们供应猪肉的厂家赚了很多钱！"老总一想，对啊！肥水不流外人田，于是他就开了养殖场。养殖场刚开起来后，又发现屠宰场靠他们赚了很多钱，于是又开始开屠宰场。开了屠宰场，又发现给他们供应肠衣和包装箱子的厂家赚到很多钱，于是又开了包装厂。然后又发现给他们运货的运输公司很赚钱……结果，刚把运输公司搞好，员工报告说："老总，咱们的火腿肠卖不动了！"这时产生了多米诺骨牌效应，一下子全倒了，因为现金流断掉了，而现金流就是企业的血液！

健力宝也是这样，本来它的定位是"中国运动饮料第一品牌"，做得很好，都卖到美国和欧洲去了。健力宝现在还能看到吗？找不着了，因为它又去做其他饮料了，把原来的品牌稀释掉了。

由此可见，延伸不当导致品牌弱化是企业衰落、倒闭的重要原因，企业在做品牌延伸的时候，一定要吸取这一沉痛的教训。

在商业竞争十分激烈的今天，一个企业的经营者更要懂得，要想在竞争中立于不败之地，就要始终握好自己手中的底牌，不要因为迎合市场的不断变化而丢掉自己最具特色的东西。

第二章

☆联想——没有强大执行力的决策，最多是一个良好的愿望而已

决策效果

英国教育家洛克说，在如今这个超竞争的年代，一个策略无论多么绝妙，如果缺乏有效的执行力，最多只是一个良好的愿望而已。因为一个企业能否更好地发展，20%靠的是企业的策划，60%靠的是企业内部各个层次人员的执行力。执行力是企业实现远大目标必需的条件和手段。在很多情况下，两个公司之间的竞争其实就是执行力的竞争，谁在执行力方面做得更加到位，谁就会领先于竞争对手。

经典案例

联想集团是世界著名企业，它之所以能取得如今的成就，与其具有的强大执行力是分不开的。在2004年之前，联想每年都要举办全国市场活动，每次都是几百个城市同时举行，足见其强大的运作和控制能力。这种以高效运作体系为基础的执行力，也正是联想在国内PC市场崛起并且至今保持霸主地位的最重要的撒手锏。但到2004年，种种迹象表明，联想的这一利器，似乎正在失去它原本的威力。

面对执行力的逐渐丧失，联想集团的创始人柳传志找到了一名得力干将，他就是高效地执行柳传志的战略思想的杨元庆。

杨元庆领导的联想PC在1996年的中国PC市场份额中占据了第一的位置，一举打破国内PC市场多年以来被国外品牌垄断的局面，开了中国PC品牌主导中国市场之先河。

1997年，杨元庆将"严格文化"引入联想，并确立了"认真、严格、主动、高效"八字管理方针，还毫不留情地指出了联想的"八大问题"，细数公司执行力下降的症状。

2000年，他又针对联想内部缺乏沟通和协作的情况，将亲情成分引入

决策观：牵一发而动全身

联想文化,以此建立一种相互信任和协作的企业文化。

2001年4月,杨元庆几乎是在从联想创始人柳传志手里接过联想"帅印"并公布2001—2003年计划的同时,把任正非的著名文章《华为的冬天》印发给全体员工,并在一次会议上问与会者:"如果有一天,公司没有完成任务怎么办?"

几个月后,联想自1993年以来第一次没有完成季度任务。

半年后,杨元庆开始大张旗鼓地向联想的"大企业病"和"体内病毒"开火……

密码透析

杨元庆能有今天的成就,跟他严格认真地实施决策是分不开的。而联想能有今天在行业内的地位,也正是因为它具有高效的执行力文化。一个组织的高效率需要有执行力的人来保证,而个人的执行力水准则是决定性的基本要素。一个完美的决策往往会毁于没有执行力的人手中。要实现经营目标,除要拥有好的决策外,还必须具备相应的执行力。决策与执行力对于企业的成功缺一不可,二者是辩证统一的关系。

有这样一则古老的寓言:某地的一群老鼠,非常惧怕一只凶狠无比、善于捕鼠的猫。于是,老鼠们聚在一起,讨论如何解决这个心腹大患。老鼠们颇有自知之明,并没有杀猫的雄心壮志,只不过想探知猫的行踪,早作防范。有只老鼠的提议立刻引来满场的叫好声,它建议在猫的身上挂个铃铛。在一片叫好声中,其中有只老鼠突然问道:"谁来挂铃铛?"

不难理解,这是个讽刺"坐而言"而未必能"起而行"的寓言。美国某商学院的一位教授把这个寓言搬进了MBA课堂,学生们反应热烈:有的建议做好陷阱,猫踏上后,铃铛自然缚在猫的脚上;有的建议派遣"敢死队",牺牲小我,成全大我;更有的宣称干脆下毒饵了事,以永绝后患。这是个没有结论的讨论。临走前,教授只是狡黠地留下一句话:"想想看,为什么从来没见过被老鼠挂上铃铛的猫?"

原华润集团总裁、现任中粮集团董事长的宁高宁曾说过这样一句话:"决策正确不能保证公司的成功,成功的公司一定是决策与执行力都到位。"决策只能告诉你发展方向与方法,还需要有人去做。决策与执行力配合起来才能成功。因此,一个企业光有好的决策还不够,还要有人按照正确的方法去执行。

德国国家足球队向来以作风顽强著称,在世界足球赛场上成绩斐然。德国足球成功的因素有很多,但有一点很重要,那就是德国足球队队员在贯彻教练的意图、完成自己所担负的任务方面执行得非常得力,即使在比分落后或全队处于困境时也一如既往地按照既定战术执行。你可以说他们死板、机械,也可以说他们没有创造力、不懂足球艺术,但成绩说明一切,作为足球运动员,他们是优秀的,在他们身上体现了执行力文化的特质。

无论是足球队还是企业,一个团队、一名队员或员工,如果执行力薄弱,就算有再多的创造力也可能没有好的成绩。是否具有高强的执行力,是一个人或一个团队能否被认可、能否成功的关键因素之一。

但是,在现实中,很多人没有定力,做事情缺乏耐心,不能长时间地坚持下去,总是在做一件事的时候,又想起另外的事,于是丢掉手中的事情,忙其他的事情,不仅把自己搞得手忙脚乱,最终也没有完整地做好一件事。这就是缺乏执行力的表现。

东北有家大型国有企业因为经营不善导致破产,后来被一家日本财团收购,厂里的员工都在翘盼日本企业能带来一些先进的管理方法。出乎意料的是,日本企业只派来了几个人,除了财务、管理、技术等要害部门的高级管理人员换成了日本人外,其他的没有任何改变——制度没变、原厂人员没变、机器设备没变。日方只有一个要求:把以前制定的制度和标准坚定不移地执行下去。结果,不到一年企业就扭亏为盈了。如果这家企业的员工自始至终严格执行企业的规章制度,企业就不会破产,也不会被别人收购。

以上事例说明,一个企业拥有完美的策略、计划固然重要,但是如果不具备相应的执行力,再好的战略,再好的决策,再严谨的计划,最多是一个良好的愿望而已。

☆通用汽车——只得到掌声的决策，不是个好决策

决策效果

倘若你有一个苹果，我也有一个苹果，我们彼此交换，那么，你和我各自仍然只有一个苹果。但是，倘若你有一种思想，我也有一种思想，我们彼此交流后，那么，我们每个人将各有两种思想，如果我们把这两种思想结合起来，就会产生第三种思想。这就是说，处理一件事，解决一个问题，如果跟人交流看法，至少会有三种可以选择的方案。一个管理者，如果不考虑可供选择的各种方案，他的思想就是闭塞的。卓有成效的决策者往往不求意见的一致，而是十分喜欢听取不同的意见。因为有效的决策绝非是在一片欢呼声中作出来的，只有通过对立观点——不同看法的对话，以及从各种不同的判断标准中作出一种选择以后，管理者才能作出有效的决策。因此，决策的第一原则就是：在没有出现不同意见之前，不作任何决策。

经典案例

长期担任美国通用汽车公司总裁的艾尔弗雷德·斯隆，对上述的决策原则理解非常透彻，他把提出不同意见作为决策中一个系统的方法来运用。斯隆主持的决策会议气氛一般都非常热烈。在一次会议上，斯隆发现所有的人都对一个重要决策持认同态度，便强调说："对于这个问题，所有的不同意见都可以提出。"大家都点了点头，表示没有不同意见。

斯隆接着说："先生们，我想我们大家对这项决定都一致同意，是吗？"在场的人都点头表示同意。

于是斯隆接着说："那么，我建议推迟到下次会议再对这项决定作进一步的讨论，以便我们有时间来提出不同意见，并对与这项决定有关的各个方面有所了解。"事实证明，斯隆避免了一个错误的决策。

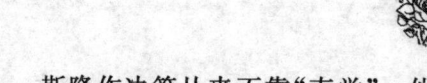

斯隆作决策从来不靠"直觉"。他知道,只得到掌声的决策不是好的决策,意见一致是因为每一个人都没有完成自己的准备工作,而他要做的就是促使不同意见的产生。

密码透析

回顾那些成功人士,他们也曾作出错误的决策。美国前总统肯尼迪因在入侵古巴的猪湾(Bay of Pigs)登陆事件上决策失误而声名狼藉;英国前首相玛格丽特·撒切尔夫人积极倡导"人头税"政策,最终导致被自己所在的政党赶下了台。

企业家同样也有决策失误的时候。戴姆勒奔驰公司的CEO约尔根·施伦普力促并主导了克莱斯勒和戴姆勒奔驰的合并,在新公司艰难运转了将近10年之后,戴姆勒公司最终被迫将克莱斯勒的股份出让给私人投资机构。雅虎公司的CEO杨致远坚持认为自己公司的价值远高于微软公司所给出的估价,因而拒绝考虑微软收购雅虎的建议。他的固执代价沉重:股东损失了300亿美元,自己也因此丢掉了工作。

为何优秀领导者也会作出错误决策?原因有很多,比如经验不足,性格缺陷,对问题认识不够,等等。要解决这些问题,最好的办法,就是让不同的意见产生。

有不同意见,才能比较分析、权衡利弊,作出正确的决策,如果在进行决策的过程中,不存在不同的意见和分歧,那么这个决策本身可能存在偏差和问题,此时应该暂时把它搁置起来,等到能够听到不同的意见,并进行讨论分析后,再作决策。

一个企业要想不断地发展壮大,就要尽量地减少决策的失误。而听取不同意见,就是避免或减少决策失误的根本办法。这是美国通用汽车公司成功的原因之一。一个好的决策绝非是在一片欢呼声中作出来的,只有通过对立观点的交锋、不同看法的对话,以及从各种不同的判断标准中作出一种选择以后,管理者才能作出正确有效的决策。

☆苹果——正视风险，才能获取最大利益

决策效果

公元前207年12月，项羽以"陷之死地而后生，置之死地而后存"的决策，使将士们丢掉幻想，下定决心，背水一战，俘虏王离，大败秦军，从而解救了巨鹿王国。而巨鹿大战也因为项羽以6万人马打败秦军20多万大军而被世人交口称扬。

企业经营和打仗一样，也是存在风险的。特别在当今这超竞争的时代，任何一项经营活动和决策无不存在风险。企业要在竞争中求得生存和发展，必须要跟项羽一样敢于正视风险，敢于进行风险决策。不冒一定的风险，就没有成功的机会。

经典案例

今天，在电脑行业纵横驰骋的苹果电脑公司，它的成功就是公司创业者冒着巨大的风险获得的。20世纪70年代，计算机仍是令人望而生畏的东西。它体积庞大，结构复杂，需要专门知识才能操作。所以，它的用途只局限于政府部门、科研机构和大型公司。即使是1974年出现的阿尔塔微型计算机，也仅供娱乐之用。

当"苹果"微电脑于1976年问世时，才真正掀起了一场震惊世界的革命。"苹果"微电脑的设计者和制造者沃兹尼亚克、乔布斯被人称为"永远改变了人们工作习惯的人"。他俩是硅谷土生土长的居民，从小对电子计算机有着浓厚的兴趣。

1974年，阿尔塔微电脑上市时，他们弄到了一些零部件，就在乔布斯家的一间破旧车库里开始制造由沃兹尼亚克设计的微型计算机。"车库里的新产品"具有多种功能，比"阿尔塔"优越得多。乔布斯把他们组装的、尚缺外壳的计算机带到附近一家计算机批发商店，店主喜出望外，感到此产品大有前途，一下子就订了50台。乔布斯非常激动，他意识到他

们干一番事业的时候到了。

于是,乔布斯和沃兹尼亚克合办了自己的公司。他们的产品犹如呱呱坠地的婴儿,貌不出众,虽然不能吸引那些根底深、家业大的大资本家来投资,但却引起了风险资本家的高度重视。38岁的百万富翁马库看了他们的产品后,认为冒险挣大钱的机会来了,就决心帮助这两个大胆的新手,投资9.1万美元,还给他们借来60万美元,并推荐一位富有经营管理经验的能人——33岁的迈克·斯各特出任总经理。

新公司取名为"苹果微电脑公司",开张不久即推出了新产品苹果Ⅱ型。这是一种操作简便、外形美观、功能良好的家用电脑。苹果公司的创办者从此一帆风顺,财运亨通。

乔布斯和沃兹尼亚克是两个初出茅庐的后生,可是他们却有着超乎常人的胆量与气魄。当发现自己的产品有广阔的发展前途时,他们毫不犹豫地投入到这个行业中,成立了苹果电脑公司,并最终取得了成功。可以说,没有冒险精神,也就不会有苹果电脑的诞生。

密码透析

有的管理者做事谨慎,但谨慎的缺点是保守;在风险面前徘徊不前,往往错过很多难得的发展机会。这类管理者常说:"不怕一万,就怕万一……"凡事三思而后行,谋定而后动是没错的。但你知道吗?无论你策划得多么周详,风险总会不期而至。

有一个寓言,说的是:有人问一个农夫他是不是种了麦子。农夫回答:"没有,我担心天不下雨。"那人再问:"那你种了棉花了吗?"农夫说:"没有,我担心虫子吃了棉花。"那人又问:"那你种了什么?"农夫说:"什么也没种,我要确保安全。"

农夫是确保安全了,可他的肚子一定不会安全。

企业在经营活动中,风险无处不在,但风险中孕育着机会和成功。如果决策者缺乏魄力和勇气,胆小怕事,缩手缩脚,不敢正视风险,不敢作风险型决策,无疑会失去很多发展机会,就像那个农夫一样,到头来什么也没有。

日本大都不动产公司创始人渡边正雄原是一个小商人,他发现不动

成功企业的密码

产业是个有前途的行业,想去经营,但一没资金,二没经验,于是决定去大藏不动产公司工作,以便学习经验,为自己创业打下基础。可大藏公司并不愿接受他,无奈之下,他要求在大藏公司免薪工作一年。这一年渡边拼命工作,掌握了大量的信息,学到不少不动产经营方面的经验。在大藏公司准备高薪聘用他时,他却离开了公司。他千方百计筹得一定资金之后,便开始做起房地产的生意。

渡边免薪工作之举,看起来好像不算什么,但对于当时十分贫穷的渡边来说,却是冒着极大风险的。伴随着事业的发展,渡边不间断地进行着风险决策,并接连取得成功,终使他成为日本企业界的佼佼者。

创业之初,有人向渡边推荐土地,那是一块有几百万平方米、价格低廉的土地,当时人迹罕至,没有道路,没有公共设施。以前也有人向其他的地产公司推销过这块地,但都没人愿意买。渡边果断地作出风险决策,倾力筹借资金,先付部分押金买了下来。同行们都嘲笑他是傻瓜,亲戚朋友也为他的冒险举动担心。渡边毫不介意,他坚信自己的决策是正确的。

果然,战后的日本经济迅速复苏,人们的收入增加,生活水平显著提高,大家逐渐对城市的噪音和污染感到厌恶而向往大自然。有人开始对渡边买下的这块山地感兴趣了。渡边乘势在报刊上大肆宣传那里的优美环境,结果一些属于富裕阶层的人慕名前往订购别墅和果园;一些从事耕作的人,看到那里有民房出租和有耕地租用,也纷纷前去定居和从事蔬菜果树种植。

仅一年左右的时间,渡边就把这块几百万平方米的山地卖掉了八成,一下子赚了50亿日元。他利用赚来的钱投资修建道路、整地,并将剩下的两成土地盖成一栋栋别墅。经过3年时间,那块山地变成了一座漂亮的别墅小城,渡边所赚的钱也达到了数百亿日元之多。

在当今市场充满激烈竞争的时代,没有风险是零的利润,没有风险决策的勇气也就难以赢得市场机会。

第二章 决策观：牵一发而动全身

☆明基——完美的撤退应和胜利一样受到赞赏

决策效果

在如今超竞争的时代，商场跟战场一样，要想在此占有一席之地，必须要做到眼疾手快，抓住市场的瞬息变化，做到有进有退，有张有弛。一个企业在经营的过程中会遇到战略的不断转移，这就意味着企业的一些发展目标必须重新定位，在业务上进行重组，必要的时候还要在某一经营领域主动"退却"。

也许这种退却刚好发生在蒸蒸日上的时刻，看起来似乎前景美好迷人，"撤退"岂不可惜？但是如果你做不到及时退却，就有可能会使你在今后的经营中损失惨重。而适时的退却却可以保存实力，更有利于将来的发展。

经典案例

2005年6月8日，是令中国媒体大为侧目的一天。

明基CEO李焜耀特地从台湾飞赴北京，宣布了一个"天上掉馅饼"的消息：西门子把手机业务卖给明基，不但倒贴8亿欧元，还把西门子所拥有的1000项手机专利、几十项核心专利、手机品牌、研发团队、销售渠道和制造基地一并转送。

明基董事长李焜耀说，明基就像一个3岁的小孩，正处在做梦的年纪，在年轻时候就要培养国际化的视野。

刚刚放眼国际化就有如此大的"馅饼"砸到了头上，这让明基欣喜若狂。

其实，当时的西门子作的正是一个壮士断腕的决策。当时西门子的手机业务已经亏损了5亿欧元（约合6.13亿美元），面对如此巨亏，西门子决定放弃手机这一重要业务。

面对西门子的"大馅饼",明基显得有些难以下咽。

虽然收购以后,明基对手机业务投入了大量资金及管理资源,并推出多款获国际大奖的手机。但是,由于运营效率及成本无法取得足够优势,亏损仍高达 6 亿欧元。明基如果想要在 2007 年下半年扭亏,须再移动注资 5 亿欧元。

面对这个结果,明基如同当初的西门子一样,选择了放弃。2006 年 9 月 28 日,离正式接盘西门子手机的一周年纪念日尚有 2 天的时间,明基召开董事会,声称:"由于短期内看不到缩小亏损的机会,明基作出不再继续投资的决定。"这不仅仅是一次扩张野心的碰壁——对明基而言,其信誓旦旦的国际化,结果是一场昂贵的黄粱梦。对诸多豪情万丈进军海外的中国企业而言,更是一堂生动而沉重的观摩课。

所幸的是,面对 6 亿欧元的巨亏,明基明智地选择了放手,壮士断腕虽然疼痛,但是拯救了企业的生命。

密码透析

在很多时候,退却比进攻更需要勇气,因为这常常会受到更多人的关注和议论。很多不明真相的人会把作出这一举动的人当做傻子看待,甚至认为他懦弱,没有气魄和勇气。但是从长远来看,西门子和明基无疑是对的,因为在市场竞争无比激烈的今天,企业只有把资源集中在最具有竞争力的领域,才能拥有更强的竞争优势。如果过度分散,在多个市场中应对竞争,即使公司的整体实力很强大,要想在所有战场上取得竞争胜利也是相当困难的。

有这样一个故事:山间小路上,老虎被猎人设置的铁索套套住了,挣扎了很长时间也没能把自己的脚掌解脱出来,眼见猎人一步一步逼近,老虎奋力挣断了这只被套住的脚掌,忍痛离开了这危机四伏的危险地带。老虎断了一只脚掌自然很痛苦,但却因此而保住了性命,难道这不是一个聪明的选择吗?

遗憾的是,中国企业普遍反映出"惜退"的倾向,进入的决策易行,退出的决心难下。事实上,确定退——不做什么,往往比确定进——做什么更重要,更需要智慧。

第二章

决策观：牵一发而动全身

如今每天都有无数的旅客乘坐波音公司制造的飞机飞来飞去。可人们大概并不知道，拥有22万名员工、1998年营业额达570亿美元的世界航空业巨头——波音公司的创始人威廉·波音原来却是一位木材批发商，他刚30出头就已成为美国西雅图海岸公认的主要木材批发商之一。

1914年，当波音首次乘坐飞机旅行时，一下子就迷上了飞机。不久他放弃了红火的木材批发生意，开始组建飞机制造公司，并把公司定名为波音飞机公司。1918年，由于战争结束而使飞机失去了市场。1920年，波音飞机公司亏损30万美元。1925年，波音飞机公司放弃了还未完全形成的空中客运市场，集中力量从事航空邮件的运输。这一决定使公司的财源滚滚而来，波音飞机公司因此兴旺发达起来。20世纪30年代初，波音飞机公司的业务从设计制造飞机到承担航空运输，无所不包。只用了15年时间，这位爱好飞机的木材批发商就成为世界航空业巨子和美国的巨富之一。波音"有所为"造就了波音公司的崛起，"有所不为"放弃了成功的木材生意也造就了波音公司的崛起。

如果说波音的经历更多的是体现一种超前思维的话，那么正如威廉·詹姆斯所说的那样，波音更体现出了一种退却的智慧。

其实，这方面的例子举不胜举，如摩托罗拉最早是做汽车音响的，达能最早是做木材加工的等等，如今这些公司在各自领域里声名赫赫，充分显示了它们的退却智慧。

企业就像"羊"，企业管理者就像"牧羊人"，办企业就好像赶羊群走路。这群羊中如果有体弱多病的，势必影响羊群的行程。此时最好的办法就是毫不犹豫地把体弱多病、拖后腿儿的羊处理掉，这样才能把羊群快速赶到目的地。

企业为了轻装上阵，保住自己的核心业务，只能卖掉那些很累人的业务。

在企业经营管理中，当你意识到此时退却是获胜的最佳战略，你就要当机立断，果断地退出某一领域。一个企业在危急之时，并不是背水一战才可以获胜，适当地退却和放弃同样能够取胜。正如有人所言："我们，并非撤退，只是从另一个方向进攻。"

成功企业的密码

☆松下电器——当大家一窝蜂上的时候，就该急流勇退

决策效果

我们经常看到这样的现象，只要发现某一行当可以赚钱，众多的人就会趋之若鹜，一窝蜂地经营，开始也许还不错，但过一段时间之后便陷入恶性竞争，弄得大家都赚不了钱；甚至停产或破产。想避免这样的情形，就要在你认定一个市场领域机遇不多时，急流勇退。

经典案例

1964年10月，一个最为震惊的决定在松下作出：停止大型电子计算机的开发生产。松下此前已为此项目付出了巨大的人力、物力、财力，并且已经试制成功了该项产品。但是，大型计算机的市场前景却不容乐观，需求量极少。鉴于这种情况，松下决定及时放弃这个项目。消息一经发布，顿时舆论哗然，来自内部、外部的不同意见此起彼伏，不绝于耳。内部的主要意见是：花费5年时间、耗资10多亿元的项目就如此放弃，得不偿失；要放弃，日本国内7家生产厂家中的另外6家也可以放弃，又何必是松下首先放弃呢？来自外部的舆论则有许多猜测，认为松下公司要么是技术跟不上，要么是财政赤字才放弃这个项目的。当时，松下幸之助所承受的压力相当大，但他坚信自己的决定是正确的。后来大型电脑果然跌入低谷，当其他厂家因此陷入困境时，松下早就甩掉了包袱，轻装前进。

这样的事情在松下算不上稀奇，因为他们总是以比别人更敏锐更超前的眼光，在看到市场机会的同时，也看到潜在的危机，因而能够从容地撤退。

1925年，松下幸之助到东京办事处巡视，办事处里面摆着真空管。办事处主任对松下说："这是最近东京最畅销的东西。大阪方面是不是要卖卖看？"松下听后觉得"很有意思"，希望尽早在大阪发售，便当场指示有关

第二章 决策观:牵一发而动全身

人员和真空管制造厂联系。结果发现那家工厂规模很小,资金也不雄厚,生产根本赶不上订货,于是松下电器公司就当场支付出巨额定金,以便能够多买到一些真空管。

回到大阪,松下就和真空管的批发商接触,当时因为来货很少,大家都急着赶快订货。这种情况大概持续了五六个月,而松下电器也因此多了1万多元收入,这在当时是一笔数额不小的款子。后来制造真空管的厂家慢慢多了起来,价格自然也逐渐降低。

看到这种情况,松下觉得非认真考虑一下不可了,因为照这样下去,松下电器增加的利润必然会很有限。虽说还有一些利润,销路也还可以,但情况已经有所变化,和前一阵子已经明显大不相同了。于是松下毅然作出决策,不再贩卖真空管了。

正如松下所预料的那样,仅仅过了四五个月,收音机配件的售价就急转而下,许多原先获利还不错的工厂和贩卖店都陷入了困境。而松下电器却因为收手得快,逃过一劫。但这并不能用幸运来形容松下,因为松下这一进、一退并不是凭空设想出来的,也不是靠运气,而是经过分析大局,准确判断后作出的正确选择。

松下一直认为,"准确地把握时机,全靠第六感觉"。然而,这种第六感觉不经过长期的修炼和历尽沧桑是无法得来的。松下的经验是:经常向前辈、批发商、零售商、顾客等讨教,以他们的观点来检讨自己的想法。

密码透析

很多企业常常陷入这样的误区:领导品牌能做到最大,说明它的企业所用的方法好,有效。为什么不可以效法呢?于是便盲目跟进。

这样做的失误在于,你误入了人家倡导的标准和轨道,成了亦步亦趋的模仿者,失去了发挥自己特长的机会。这种情况胜算很低,因为你这是在与对手已经成熟的强项去比赛,结果可想而知。

有这么一个寓言故事。

一群乌鸦想彻底改变自己的坏形象,它们梦想成为鹰。

一只乌鸦前去观察鹰生养孩子,回来后告诉大家:"不多不少,老鹰孵卵花了整整30天。毫无疑问,这是老鹰从小就拥有强健体魄的原因。"

于是,乌鸦们孵卵也用去整整30天。

一只乌鸦前去观察老鹰练习飞行的情况,回来告诉大家说:"我准确算过,老鹰每次飞到离地1万米的高空才飞回。这肯定是它们拥有强大飞翔能力的关键。"于是,大大小小的乌鸦们努力向1万米的高空冲去,从不停歇,可直到它们相继累死过去,也没有一只飞到那么高的位置。乌鸦还是乌鸦,它们到死也没改变。作为企业,与其不切实际地幻想成为一只"鹰",倒不如去做一只优秀的"乌鸦"。正确认识自己的能力,知道自己能做什么,不能做什么,这样才不会陷入困境。

松下对当时的情况很清楚,在市场狭小的情况下,继续进行大型电脑的制造将会陷入经营危机。况且当时电脑市场的竞争日趋白热化,仅在日本就有富士通、日立等公司在做最后的冲刺,如果此时松下再加入,肯定会有一场浩大的恶性竞争,其结果松下也许会生存下来,但也有可能全军覆没,这就是等于拿整个公司下赌注。所以,松下毅然作出退出大型计算机市场的决策,这实在是一次英明的大撤退。

明智的企业家,知道商机往往潜伏在被忽视的角落里,特别是那些被人们认为一无用处的领域。当他们看到人们一窝蜂地在某一市场挤得头破血流的时候,会审时度势,及时退出,去开辟新的领域,寻找新的机会。

☆春都——多元化经营并不是一本万利

决策效果

多元化经营是指一个企业同时经营两种或者两种以上的品牌或服务。英国伦敦商学院的教授唐纳德·索尔认为:如果一个企业具备所有多元化经营的条件,那么就能够获得商机,在竞争中取得胜利;如果缺少必需的一个或几个关键因素,就会被这种经营策略拖垮。

事实确实如此,多元化经营和专业化经营本身并没有优劣之分,而是要根据企业本身的情况而定。多元化经营是一把双刃剑,如果运用得当,

第二章

可以使一个企业得到迅速发展；如果运用不当,可能会把一个企业置于死地。

经典案例

从1987年生产出我国第一根西式火腿肠开始,春都曾以"会跳舞的火腿肠"红遍大半个中国,市场占有率最高达70%以上,资产达29亿元。

"春都"火腿肠也多次被评为"全国名牌产品",几乎成为中国火腿肠的代名词。

然而,仅仅经历几年短暂的辉煌,这家明星企业便倏然跌入低谷。上百条生产线全线停产,企业亏损高达6.7亿元,并且欠下13亿元的巨额债务。

春都的前身是洛阳肉联厂。1984年,国家一纸令下取消了生猪的统购统销政策,享受国家政策庇护长达30年之久的肉联企业一夜之间被"断奶",被强行推向了市场。在众多肉联厂哀叹之际,春都的领导者高凤来以敏锐的眼光和超前意识,率先从日本引进了我国第一条火腿肠生产线,投资上马火腿肠生产项目。1987年8月,春都牌火腿肠在河南洛阳诞生。

当时,春都火腿肠广告成为中央电视台的亮丽风景。"会跳舞的火腿肠"上下翻飞,迅速红遍全国。春都的销售收入、利润连年翻番,获得了巨大的经济效益,企业的规模、实力都在迅速扩大和增长。春都火腿肠的生产能力在短短几年间猛增了100倍,生产线由7条增至109条,生产规模由不足万吨扩大到年产20万吨,却依然无法满足市场的需求。

到20世纪90年代初,春都成为收入超10亿元、利润过亿元的国内著名大型肉制品生产加工企业。也许成功来得太容易,春都的经营者头脑开始膨胀发热,当地领导也要求春都尽快做大做强,带动一方经济的发展。

1993年8月,春都进行股份制改造,组建春都集团股份有限公司,向社会432家股东定向募集法人股1亿股,募集资金近2亿元。资金多,用对了是好事,用错了,可能就是一场灾难。此时春都恰恰把这笔钱用来搞盲目多元化。

1994年下半年,春都集团聘请的顾问提出走多元化之路,以形成春都新的经济增长点。一时间,"扩张"、"兼并"、"追求规模效益"成为春都发展的"关键词"。

春都在较短的时间内投巨资增加了医药、茶饮料、房地产等多个经营项目,并跨地区、跨行业收购兼并了洛阳市旋宫大厦、平顶山肉联厂、重庆万州食品公司等17家企业,使经营范围涉及生猪屠宰加工、熟肉制品、茶饮料、医药、旅馆酒店、房地产、木材加工、商业等产业,走上了一条多业态并举的道路。这些企业经营项目繁杂、相互间关联度低,且投资时间又很集中,一时发展神速。

但是,神速扩张不但没有为春都带来收益,反而使企业背上了沉重的包袱。资源分散,主业优势丧失殆尽,给春都埋下失败的"定时炸弹"。最多的时候,春都同时上马8个项目,所需资金高达10亿元。

此时春都年利润仅有12亿元,只能大量举债。春都兼并和收购的17家企业中,半数以上亏损,近半数关门停产,这无疑又是雪上加霜。

最致命的是,春都在进行多元化的扩张时,恰恰又丢掉了自己的核心业务。在人才、技术、设备上有着明显优势,对企业至关重要的屠宰工序,春都全部转让给了原料供应商,主营业务大幅萎缩。

此时,春都这艘"航空母舰"远看气势雄伟,近看则已是千疮百孔。

就在春都忙着搞多元化的时候,双汇等火腿肠生产企业迅速上产量、上规模,抢占市场。1997年,生猪收购成本上升,原料成本大幅上扬,双汇抓住不可多得的机遇揭开行业价格大战的序幕。

而这时的春都由于多元化,不仅需要大量的固定资产投资和流动资金支持,在生产、技术、质量、管理、市场、人才等方面的有限资源也被分散,以至于在这个最需要投入的时候,产品研发、市场营销、内部管理等各个方面的资源均严重不足。

仓促间,春都又不得不选择了降低产品质量参与价格战的下下策,使火腿肠含肉量迅速从80%降到15%左右,春都火腿肠成了名副其实的"面棍",以致春都的员工都说:"春都火腿肠,连狗都不吃。"这种自毁声誉的做法使春都火腿肠的销量快速下降,全国市场大面积萎缩,市场份额急

剧减小,从此迅速走上衰败的不归路。

2002年7月,春都已经没有可用的周转资金,主业基本停产,亏损数亿元。银企关系、业务伙伴关系全面恶化,市场几乎丧失殆尽,人员大量出走,账户常被冻结。更为严重的后果是春都品牌核心价值的快速弱化和流失,在消费者眼里,春都由火腿肠的代名词变成了妇科药、心脏药、猕猴桃汁、大红枣汁、木材甚至猪饲料。

由小到大,由盛至衰,春都在中国国有企业发展史上留下了一条弧度极大的抛物线。

密码透析

多元化经营被认为是企业不败的利器。企业可以做到"东方不亮西方亮",依靠多元化经营来分散企业所面临的风险。的确,有不少企业就是依靠多元化经营走上成功之路的。但是更多的企业却像春都一样走上了失败的道路。究其原因,是企业自身的管理能力、人财物资源等各种要素跟不上业务经营范围的急剧扩大,企业丧失了自身固有的协调性,就像一个人,肉体急剧膨胀,心脏和大脑不堪重负。这样的企业已经陷入了病态,失败是迟早的事。

一般新上项目的资金需求量都会很大,这就导致多数项目投入不足,造成因缺乏资金而不能正常营运,加上在技术、人才、经营、管理等方面都不具备成功的条件,结果是不只丢了主业,也使新上项目无法形成市场优势,最终加重企业的财务危机,陷入"多元化陷阱"不能自拔。

多元化经营是否必要,要看其实施的结果是否对企业的核心竞争能力的提高有好处。春都的多元化无论从目标企业、兼并时机、自身管理能力等各方面来看都是不恰当的。因此,这些兼并非但没有对企业集团的发展起到促进作用,反而阻碍了它前进的脚步。

从企业的经营策略来讲,要想成功地进行企业的多元化经营,在拥有强大的实力的基础上,还需要有自己的核心竞争力,并选择恰当的时机;以企业的核心竞争力为基础,并把核心竞争力延伸到自己可以发展的行业之内,争取在不同的领域取得成功。

☆佳能——要想做大,首先提高核心竞争力

决策效果

核心竞争力是企业的立身之本。形成、强化、持续发展核心竞争力,应该是任何一个企业孜孜以求的。而要实现这一点,就必须握紧拳头,把力量集中在一点,不断创新,使自己的企业在这一领域始终走在前列,成为这一领域持续向前发展的引领者。

经典案例

佳能公司最初经营的产品是照相机,在10年专业经营中始终坚持以技术为主导的经营策略,并在照相机市场取得了领先的地位。在发展过程中,佳能公司预测到未来电子技术将被广泛地应用,而且会有光明的前景,于是它开始进攻电子计算器行业,掌握了当时最先进的微电子技术,取得了不菲的成就。

到20世纪60年代的后期,佳能公司已经在精密机械技术、光学技术、微电子技术三个领域中占有绝对的优势。这三者相互结合形成了图像化方面的核心竞争力。凭着自己极强的核心竞争力,佳能公司进入了复印机、打印机、传真机等新兴行业,并使这种多元化经营取得了成功。1988年,佳能公司又提出"二次创业",向信息机器、影像机器和液晶装置、半导体等几大有待发展的新兴领域进军。

在多元化经营的过程中,佳能公司始终坚持以自己的核心竞争力为基础,向自己力所能及的新领域发展。这种多元化经营又巩固和提高了企业的核心竞争力,形成一种良性循环,使佳能公司不断发展壮大。

密码透析

英特尔的芯片、微软的操作系统、戴尔的直销模式等,无一不是通过对核心竞争力的持续强化而使自己始终走在最前列并带动相关产业发展的。可以说,企业没有核心竞争力,就没有持续发展下去的资本。

第二章

曾以"气死茅台"扬名全国的贵州习酒厂,1982年在陈星国任厂长之后,15年时间里由一个仅有300人、年产值只有300万元的小企业一跃发展成为拥有职工4000多人、年销售额达2亿多元的大公司。陈星国由厂长变成总经理之后,1993年,他提出了一个扩大规模的宏伟设想:在赤水河中游建立"百里中国名酒基地",以习酒为中心建一座多元化、多层次的企业城。在得到领导认可和政府批准后,陈星国开始行动。哪料到,当5亿元资金投入之日,便是企业陷入盲目扩张陷阱之时。最终在习酒厂背负每年几千万元银行利息、拖欠职工工资数千万元、欠下4亿元债务之后,陈星国自杀了。一个美丽辉煌的扩张陷阱害了他,害了企业。

在国内,很多企业选择的都是盲目扩张,见什么赚钱干什么,使得企业选择多元化经营领域过多过滥,并不具有核心竞争力。

那么,企业具备核心竞争力是不是多元化经营就万无一失呢?当然不是。这里存在一个企业核心竞争力的转移问题,即一个具备核心竞争力的企业在从事多元化经营时,若不能完成其核心竞争力向多元化经营领域的转移,则会使这些多元化的事业领域不具备优势而在竞争中败北。

在这方面,无数的失败案例足以使人警醒,拿最典型的来说,中国有"巨人",韩国有"大宇"。

巨人集团当初在汉字处理软件领域具有明显的优势和核心竞争力,后来转向医药保健和房地产领域的投资,其在汉字处理软件领域的核心竞争力没有得到有效的转移,最终因多元化经营分散了核心竞争力而陷入泥潭。

韩国的大宇集团拥有上百亿美元的资产,横跨123个行业,创造了超级规模的奇迹,但其在经营中根本不考虑企业核心竞争能力转移的适合性,终于夸了台。

企业没有核心业务,就不会有核心竞争能力;没有核心竞争能力,就根本谈不上做多元化的选择。在这个战略逻辑前提下,西方经济学分析企业集团发展的过程是:集中发展核心产品—形成核心竞争力—发展相关多元化经营—不相关多元化经营。而就赢利和管理情况而言,也是按这种梯度由弱到强的。

决策观::牵一发而动全身

成功企业的密码

海尔就是这么一个在多元化经营方面取得成功的典型例子。

海尔集团首先坚持7年的冰箱专业经营，在管理、品牌、销售服务等方面形成自己的核心竞争力，在行业占据领头羊位置。从1992年开始，先从高度相关行业进入，然后逐步向中度相关、无关行业展开。现在已经发展成经营电冰箱、空调、彩电、洗衣机等多种电器。

一个企业究竟要实行多元化经营还是单一化经营，这要根据企业自身的状况而定。要想进行多元化经营，就必须增强自身的核心竞争力，立足并巩固自己的主要行业，只有把自己的主导行业做强做大，才可以涉足其他行业。

第三章 管理观：

让公司有序地发展

没有发现问题便高枕无忧如同没有引爆的地雷一样危险。企业在经营中，不可能没有任何问题，没有问题恐怕就是最大的问题。企业要想得到有序的发展，就必须在管理上下工夫，不断地去发现问题，包括对待员工是否尊重，对下级的授权是否合理，公司的办事流程是否科学……然后把问题一一解决，这样企业才能基业永固和永续发展。

CHENGGONG QIYE DE MIMA

☆三星——不断地去发现问题、解决问题

管理效果

世界上不会有完美的人,也同样不会有没有问题的企业,而一家企业要想发展壮大,就必须不断地去发现问题、解决问题,解决问题的过程就是一个总结、改进和提高的过程,每个成功的企业无一不是在不断地发现问题、解决问题的过程中成长起来的。

如果在一个企业内部,大家对一切不合理的现象都熟视无睹,对一切都无所谓,得过且过,那么,这个企业早晚会被市场的大潮所吞没。

经典案例

韩国三星最近几年快速成长为国际一流企业,从负债170亿美元到成为全球最大的内存芯片制造商、显示器和彩电制造商及第一大CDMA手机制造商。三星电子创造商业奇迹只用了5年时间。韩国三星的成功绝非偶然。对三星公司最有影响的是三星集团董事长李健熙,他也是隐藏在三星集团幕后的亚洲最神秘的商业人物。

韩国三星的创始人李秉哲是李健熙的父亲。早年,李秉哲把儿子送到日本早稻田大学求学,临行前父亲叮嘱他,看日本人是如何做的,仔细想想,回来后我们韩国人应如何做。

李健熙毕业后到三星工作。1987年11月,三星的创始人李秉哲去世,李健熙做了董事长。经过5年的研究,他作出判断:三星电子"癌症后期";三星重工"营养失调";三星建设"糖尿病";三星化工"先天性残废",一开始就不应该存在;三星物产株式会社就不用再说了。李健熙决心改造韩国三星。

1993年2月18日,三星集团电子部门的副总经理以上干部得到通知:立即到李健熙会长那里开会。会议名为"电子部门出口商品现场比较与评价会议"。会上,一向沉默寡言的李健熙一反常态,侃侃而谈:"诸位,

第三章

管理观：让公司有序地发展

你们知道我们的商品在这里是一种什么处境吗？到电子商场看一看吧，我们的产品摆在什么柜台上？在每个商店的角落里，不细心的顾客难以发现的地方！上面落满了灰尘！"他的声音有些颤抖了。手下的人根本不敢与他的目光对视。

"在美国，一支高尔夫球棒卖到150美元～250美元，是我们三星13英寸彩电的价格！要知道，我们的彩电是由一千多个零部件组成的。一支好的高尔夫球棒在这里卖500美元，而我们27英寸的彩电才卖400美元。即使如此，我们的产品在这里仍然灰尘满面。请问，这样的产品还能贴上'SAM-SUNG'的商标摆在柜台吗？"

他怒吼了。

"如此生产，如此经营……你们意识到问题的严重性了吗？这是对股东、对18万三星人的欺骗！是对韩国国民和祖国的亵渎！"

这次会议整整开了8个小时。会后，又用了整整一天时间在商场就世界78种产品与三星电子产品逐一进行了比较和分析，从而使三星人切实认识到其电子产品在世界上所处的位置。

1993年7月，李健熙在东京会议发言时说："我们三星明显只有二流水准，简直太不像话了，为什么不将产品制造到不会发生问题呢？""员工制造出不良的产品，也不会觉得丢脸或者生气。""我们应该如何以最便宜、最快捷的方法做出最好的产品，才是关键所在。"

李健熙对手下的日本员工说："各位日本员工，听说你们做事情都力求完美，为什么韩国三星的东京仓库里有那么多堆积如山的退回来的洗衣机、彩电、微波炉呢？是不是你们有两条标准，为日本老板做事就追求完美，为三星就不这样做呢？"日本员工代表说："其实不是这样的。韩国三星拼命打电话过来催，说快一点、快一点、尽量快一点，催促我们多生产产品，去抢占市场份额，因而我们就顾不上品质了。所以今天仓库里面有这么多堆积如山的东西卖不掉，就是这个原因造成的。那些洗衣机、电视机、微波炉，我们也想做好一点，但生产速度太快，就来不及顾及质量了啊！"

李健熙终于明白了，他说："过去的事都是我们的错，那么就到今天为

· 73 ·

止，不要再追究了。各位员工，你们可不可以从明天开始，哪怕是只做一台洗衣机、一台电冰箱、一台微波炉，都应做好，哪怕是只做一台！我们不怕出问题，就怕你们发现了却不去解决问题。"从此以后，韩国三星每做一台电冰箱、一台洗衣机、一台微波炉，都努力做好，强调以质量管理和力求变革为核心，彻底改变当时盛行的"以数量为中心"的思想。

密码透析

三星集团董事长李健熙带领三星成长的故事非常值得我们借鉴：不满足于现状，善于发现问题和解决问题，吸收别人所长，对自己的发展方向及时作出规划。这是三星集团成功的关键所在。在市场竞争异常激烈的当今时代，作为一个企业家，如果你不能看清本企业的现状，总认为没有任何问题，那么你的企业离破产已经不远了。

从发展的眼光来看，任何流程都没有十全十美的，都有可以改善的余地，而如果我们的企业仅能维持今天的视界、今天的优点和今天的成就，必然丧失其适应力。所以，不断地去发现问题、解决问题，改善企业经营，才是企业的生存和发展之道。

企业在成长过程中，存在问题完全是客观的，问题之所以没有被发现、没有去解决，关键在于没有人去研究，没有人用心地去发掘导致问题存在的深层因素。

所以，一家企业，只有拥有有竞争力、执行力的员工，他们在从事每一项工作的时候，都能一边做一边思考，问自己这样做是不是最好的方法，有没有更好的方法，别人是不是做得更好，做得更好的人是怎么做的，从中发现问题和不足，并加以改进和完善，这样才能使企业不断前进。

☆本田——不要藐视员工的成绩

管理效果

很多企业的领导对员工的态度往往是：我给你工资，你给我干活，平

等交易;你干得好是理所应当,干得不好就是欠我的。所以他们对员工的成绩和进步表现冷淡,更不要说赞美了。其实,人的需求不仅仅是物质上的,还有精神上的。得到社会和他人的认可和尊重,是人的五大需求之一。员工有了成绩,得到领导表扬或肯定,不仅感受到自己的价值得到了承认和重视,而且自尊心和荣誉感也得到了满足,从而心理上更加自信,工作上更加努力,对企业更加忠诚。反之,如果领导对员工的成绩态度冷漠,甚至藐视,则会伤害员工的自尊心,挫伤员工的积极性,甚至导致员工"跳槽",造成人才流失。

经典案例

本田宗一郎被誉为"20世纪最杰出的管理者"。回忆往事,他常念叨一件令其终生难忘的事。

有一次,一位来自美国的技术骨干罗伯特来找本田,当时本田正在自己的办公室休息。罗伯特高兴地把花费了一年心血设计出来的新车型图纸拿给本田看,"总经理,您看,这个车型太棒了,上市后绝对会受到消费者的青睐……"罗伯特看了看本田,话还没说完就收起了设计图纸,此时正在闭目养神的本田觉得不对劲,急忙抬起头来叫了声"罗伯特",可是罗伯特头也没回就走出了总经理办公室。

第二天,本田为了弄清头天的事情,亲自邀请罗伯特喝茶。

罗伯特见到本田后,第一句话就是:"尊敬的总经理阁下,我已经买了返回美国的机票,谢谢您这两年对我的关照。"

"啊?这是为什么?"

罗伯特看到本田满脸的真诚,便坦言相告:"我离开您的原因是由于您没有自始至终听我讲。就在我拿出我的设计前,我提到这个车型的设计很棒,而且还提到车型上市后的前景,我是以它为荣的,但是你当时却没有任何反应,而且还低着头闭着眼睛休息,我一恼就改变主意了。"

后来,罗伯特拿着自己的设计到了福特公司,受到了高层领导的关注。后来福特公司生产的这款新车上市,给本田公司带来了不小的冲击。通过这件事,本田宗一郎领悟到"听"的重要性,也让他认识到如果不尊重

员工的工作成果,难免会伤害员工的自尊心和积极性,最终结果是留不住人才,使公司蒙受损失。

密码透析

当员工高质量地完成工作任务,取得了突出成绩时,如果领导者态度漠然,不能及时给予肯定和表扬,员工很自然地得出这样的结论:这样拼命地劳动有什么意思呢?连一句好话都听不到,辛辛苦苦劳动换来的成绩,老板却认为是理所应当的。我们真的没必要这么卖力,也没有必要做出更多的成绩。这样一来,整个团队的工作业绩很有可能下滑;有资本与能力的人,就会像罗伯特那样,脱离团队,另谋出路。

那么怎样才能解决这个问题?以下几点值得借鉴。

第一,不吝惜你的赞美。打动员工、激发员工热情和潜能的最好方式之一就是给他们以由衷的欣赏和赞许。美国著名女企业家玛丽·凯曾说过:"世界上有两件东西比金钱和性更为人们所需——认可与赞美!"

第二,及时而具体的赞扬。有效的赞扬必须是及时而具体的,即在第一时间确切地告诉员工他们做对了什么。与其随意地赞扬员工,不如首先找出他们做对的地方加以表扬。一个管理者应该花时间去观察员工的行为,对他们的进步提出具体的表扬。

第三,说明你的感受。在赞扬员工之后,你要告诉他们你对他们表现的感受。不要太理智矜持,要说出你的心里话,如说:"让我告诉你我的感受,在董事会议上听了你的财务报告后,我为你感到非常自豪。我希望你知道我多么高兴你是我们团队中的一员,非常感谢。"员工听到这话,就会感到你的表扬是真诚的。

第四,只要接近标准就要赞扬。不要等到结果出现才赞扬员工,在他们做得大致正确的时候就要给予赞扬。因为正确的行为是由一系列大致正确的行为组成的。

第三章

管理观：让公司有序地发展

☆沃尔玛——把员工当成合作人

管理效果

在现实中，不少公司认为，公司赚钱不赚钱，那是公司领导的事，跟员工没多大关系，我花钱雇你，你给我好好干活就是了。其实，以"主人"的身份干活和以"外人"的身份干活是不一样的。前者会处处仔细考虑，也不会浪费；后者则往往只求过得去。

在沃尔玛，管理者与员工之间良好的合作关系被称为"合伙关系"。员工称为"合伙人"，而不是雇员。沃尔玛作出这个决策，旨在给员工以更平等的对待，真正建立起一种合伙关系，而不只是叫法上的改变。事实上，这种"合伙关系"在沃尔玛公司处处可以体现出来，它把整个沃尔玛凝聚成一个整体，使所有的人都团结起来，为着公司的发展壮大而不断努力。

经典案例

当1955年《财富》开始推出"世界500强"排名时，没有人能够想到，一家零售企业会在2001年和2002年连续两年排名《财富》杂志世界500强企业榜首。这就是全球零售业巨头沃尔玛。

全球权威财经媒体《财富》杂志记者不无惊叹地写道："一个卖廉价衬衫和鱼竿的摊贩怎么会成为美国最有实力的公司呢？"

从小镇起家到令世人瞩目的零售帝国，这个神话的成功缔造有多方面的因素起作用，其中，善于和员工进行交流合作是一项非常重要的因素。

沃尔玛公司把信息共享看做是公司力量的新源泉。它也是"合伙人"思想的重要组成部分。公司经理人员办公会议经常邀请一些对改进商店经营有真知灼见的员工参加，让大家分享他们的心得。这种做法可以激励员工们大胆地为公司提出建议，使员工们真正感觉到自己是"合伙人"，

成功企业的密码

同时也给公司带来了经济效益。例如公司经常邀请那些能想出节省金钱办法的员工参加经理会议，从他们的构想中每年可以节约800万美元左右。

沃尔玛公司认为，让所有员工知道公司的目标，了解业务的进展情况，与员工们分享信息，让员工们分担责任，这才是合伙关系的核心。这种做法使员工增强了责任感和参与感，意识到自己的工作在公司的重要性，觉得自己得到了公司的尊重和信任，从而更加发奋努力，争取更好的成绩。

山姆·沃尔顿曾说："当我看到某个部门经理自豪地向我汇报他的各个指标情况，并告诉我他位居公司第五名，并打算在下一年度夺取第一名时，没有什么比这更令人欣慰的了。如果我们的管理者真正致力于把买卖商品并获得利润的激情灌输给每一位员工和合伙人，那么我们就拥有势不可当的力量。"

不仅如此，沃尔玛公司还在股东大会上创造信息沟通的渠道。在每次股东大会上，都会喊口号、唱歌，向退休者致敬，并且表扬取得最高销售额的部门经理，向获得最佳驾驶记录而赢得安全奖的卡车司机表示敬意，为店面陈设最佳创意以及在业务竞争中获奖的员工鼓掌致谢。公司尽可能让更多的商店经理和员工参加会议，让他们看到公司的全貌，做到心中有数。

每次股东大会结束后，山姆·沃尔顿都会和他的得力干将一起邀请所有出席会议的员工约2500人到自己的家中举办聚餐会，在聚餐会上与众多员工聊天，大家一起畅所欲言，讨论公司的现在和未来。通过这种场合，山姆·沃尔顿可以了解到各个商店的经营情况，如果听不到好消息，他会在随后的一两个星期内去视察一下。股东会结束后，被邀请的员工和未参加会议的员工都会看到会议的录像，并且公司的报纸《沃尔玛世界》也会刊登关于股东会的详细报道，让每个人都有机会了解会议的盛况。

密码透析

要知道，没有一个人愿意被蒙在鼓里，对企业运作一无所知，而成为企业的局外人。员工都渴望与公司高层保持经常性的交流，能够在第一时间了解企业的经营动向和相关决策，真正参与到企业中来。这就要求企业的内部管理需要更加开放、透明，建立顺畅的内部沟通渠道，形成规

范的、有章可循的以"制度管理人,而非人管人"的管理制度,增加内部管理的公平性。

上述管理目标,沃尔玛以"合伙人"的方式做到了。沃尔玛公司没有明确的等级差别,公司是一个为同一目标行动的团队,从包括董事会成员、经理人员和所有合伙人那里获得力量。在这个团队中,每个人都是公司平等的一分子,只有职位区分,没有等级高低。在公司里,公司员工彼此互称同事,或直呼其名,显示出平等友善的风格。而主管或经理则被称为"教练",在合适的时候,会主动帮助员工进一步提高工作能力。而且,公司给每一个员工提供平等的竞争机会,鼓励和诱导每一个人最大限度地展露才华,因而不少公司总经理都出身于普通员工,这样能使员工有一种归属感。

合伙人与雇员,不单是一个叫法上的不同,而且还有实质内容,这就是利润分享。

1971年,沃尔玛实施一项由所有员工参与的利润分享计划。这个计划规定:每一个在沃尔玛公司待了一年以上并且每年至少工作1000小时以上的员工,都有资格分享公司当年利润。这对提高员工的积极性是一个很大促进。到20世纪90年代初,利润分享的总额已约有18亿美元。这些都是属于沃尔玛公司"合伙人"的权益,也因此使员工的工作热情空前高涨。在此基础上,沃尔玛又制订了一系列行之有效的计划,例如雇员购股计划。它让员工通过工资扣除的方式,以低于市值15%的价格购买股票。这样,80%以上的员工或借助利润分享计划增加现金收入,或直接拥有沃尔玛公司股票。此外,公司还推行了许多其他的奖励和奖金计划。这样一来,员工都清楚公司的利益跟自己有着直接的联系,甚至连花公司的钱也会心痛,从而自觉地想尽办法去降低企业的成本。

国内的有些企业的领导习惯于"一言堂"的独裁模式,凡事都需要他来计划、组织、指挥、协调及控制,把公司运作得像一群"野牛"。而领导的命令就跟皮鞭差不多,皮鞭挥向何方,群牛就奔向何方,可是这种靠着皮鞭式发号施令的首领一旦不在,群牛要么只会等待,要么就马上四处奔跑,连个影子都找不到。在许多类似野牛群的组织中,成员只会去做领导所交

代的事，其他的一概不管。领导在时，规规矩矩；领导不在，一盘散沙。

当年"巨人"的倒塌，"三九"的消亡，无一不是搞"一言堂"的独裁模式所致。与此相反，我们在外企和管理成熟的企业中看到的，是一群既负责任又能相互协作的员工。好比群雁，它们以 V 字形编队飞行，其中的领航权时有更替，但无论哪只雁领航，群雁都是沿既定方向飞行，每只雁都能够在整个行动中扮演相应的角色：领导者或跟随者。在领航雁形成的气流后面，所有跟随者都能节省 20% 体力。一旦领航雁累了，就会有自愿者接替它，继续以 V 字形飞行。在这样的组织中，每个员工都能自主地发挥能动性，无论领导者在不在，都能朝着公司的既定目标而努力工作。而要更好地实行这种"群雁模式"，就必须把员工当做合伙人，把员工的利益与企业的利益更加紧密地联系在一起，让他们感觉到自己与公司的关系是一损俱损、一荣俱荣，密不可分。

☆松下电器——引进短缺元素

管理效果

150 年前，德国化学家、农业化学奠基人之一李比希发现了植物生长过程中的短缺元素定律：任何一种植物的生长都需要一定的元素，例如氮、磷、钾等。如果在某一时期，植物缺少某一种元素，那么就会影响到它的成长，甚至会导致它的死亡，但是只要增加这个短缺元素，植物就会有一轮新的成长，人们不必去做任何其他的事情。而不缺少的元素即使增加再多，对植物的生长也没有用处，而且通常会有副作用，如太多的磷会烧坏植物等。

短缺元素理论后来被广泛运用到企业管理中。任何一个企业都可能存在短缺元素，并且在不同时期短缺元素可能不一样。对短缺的元素，企业可以自行解决，也可以通过引进解决。松下通过与飞利浦合作，引进技术创新这一短缺元素，从而使企业走向了成功。

经典案例

1952年，日本松下电器公司与荷兰飞利浦公司就有关技术合作问题进行商务谈判。飞利浦公司提出技术使用费的提成率为销售额的7%，松下幸之助先生经过艰苦斗争，总算把提成率压低到4.5%，但飞利浦公司又提出新的要求作为提成率优惠的条件：专利转让费为55万美元，并且一次性付清。当时松下电器公司的资本总额不过5亿日元，而55万美元相当于2亿日元，这笔技术转让费对松下公司来说的确是一个相当沉重的负担。对方的要求、条件能否接受呢？妥协和退让值不值得呢？

松下幸之助经过仔细分析、权衡利弊后认为，做些妥协、退让，接受对方的条件和要求，付出这笔钱，对松下公司的发展，对日本电子工业的发展都是有利的，因为接受了条件和要求，就可以利用对方的技术专利，为自己生财，这叫"借脑生财"。

松下幸之助为了保证技术合作项目的效益稳定，又对飞利浦公司作了深入细致的调查研究。在调查中，他发现飞利浦公司拥有一个科研人员达3000名的研究所，其设备先进，人员素质高，每天都在进行着世界最新技术和最新产品的开发研究。松下幸之助暗自思忖：如果创造一个同样规模、同等水平的研究所，要花上几亿日元和几年的时间，而现在，以2亿日元为代价，便可以充分利用飞利浦公司研究所的人员和设备，可以达到"假人之手，从中渔利"的效果，何乐而不为呢？于是，松下幸之助毅然和飞利浦公司签订了合作合同。此后，飞利浦公司派技术骨干到松下公司任职，把新技术和管理经验传授给松下公司。双方的合作，为松下电器公司后来发展成为驰名全日本乃至全世界的公司打下了坚实的基础。

密码透析

无论规模大小，无论从事何种行业，没有哪一家企业不存在短缺元素。而且，短缺元素永远处在变化之中，在补足了原来所缺的元素之后，总会有新的短缺元素产生。

企业管理者最重要的任务，是发现企业在某一个时期内的短缺元素，并集中力量加以解决。如果靠自己的力量解决不了，就要从外部引进。

松下幸之助的做法值得借鉴,当时先进的技术对他的企业十分重要,所以他毅然以2亿日元为代价,引进了飞利浦公司的新技术,从而弥补了公司的短缺元素,促进了公司的迅速发展,使它走上了世界500强的舞台。

☆本田汽车——团队需要活跃分子

管理效果

人都有惰性,如果长时间处在安逸的环境里,那么他就会失去活力和激情,从而使团队的战斗力下降。因此,在团队管理中,很有必要利用鲇鱼效应,给团队成员施加适度的竞争压力,使他们感受到适当的生存威胁,以提振员工的进取精神。

经典案例

在引用外来人才这方面做得最出色的企业当是日本的本田。本田公司的总裁本田先生在欧美考察时发现了人才的基本组合规律:企业内不可或缺的人才占20%,以公司为家的勤劳人才占60%,终日无所事事、东跑西逛拖后腿的蠢材占20%。本田一直在思考如何使公司中前两种人增多后一种人减少,使越来越多的人具有敬业的精神。本田想了很多的方法都行不通。后来,他受到鲇鱼效应的启示,果断地进行人事方面的改革,终于大见成效。

本田先从销售部着手,因为销售部的现任经理思想保守陈旧,和企业的经营观念相差甚远。经过慎重考虑,本田聘请原来在送和公司任销售部副经理的武太郎先生到本公司销售部担任经理。武太郎年仅35岁,对工作充满激情和活力,上任后,凭着自己丰富的销售经验、惊人的毅力和过人学识,很快受到所有销售部人员的好评。在他的带动下,员工们一改原来散漫的工作态度,积极热情地投入到工作之中,很快,销售部的情况大为好转,销售业绩不断上升。武太郎的到来,不仅改变了销售部的落后局面,在他和销售部的影响和带动下,其他部门也出现了新的气象。

本田先生深感这一良方的确有奇效,所以每年他都会从外面聘用一些精明能干、思维活跃的"鲇鱼人才",甚至还会聘用一些"董事"等重要的人才。在这些"鲇鱼"的带动下,公司的员工都有一种"触电"的危机感和紧迫感,在竞争中激发出高涨的工作热情,使本田公司的业绩蒸蒸日上,不断攀升。

密码透析

在一个企业中,如果大多数的员工都是老员工,他们对工作的情况了如指掌,会渐渐对工作失去往日的激情,处理问题的思维方式也会僵化,从而使公司出现一种沉闷的气氛。时间一久,就连那些积极进取的人也会被这种惰性所影响,最终失去活力,甚至觉得没有前途而离职。作为企业的领导层,最好的办法就是从外部引进一些"鲇鱼",以打破企业原来的沉闷气氛。

还有一种情况,就是一个团队的工作达到较稳定的状态时,常常会降低员工的积极性和挑战性。"毫无竞争,一团和气"的团队不是一个理想的团队,这时候也应该用"鲇鱼效应"来激励员工的斗志。

适当地引进外来人才,可以调动员工的工作积极性,这已为本田公司的成功经验所证明。但是,并不是引进的越多越好。若长期从外部引进高职位人才会使得内部员工失去晋升的机会,使员工失去斗志和锐气,对公司的忠诚度下降,从而导致公司员工大量流失,严重影响公司的长期发展。这一点也必须引起注意。

☆希尔顿——一个累坏的主管是不称职的

管理效果

在有些人看来,权力诱人,胜过世界上任何金银财宝,所以一旦手中有点权,就死死抓住权力不放,生怕他人分享自己的权力。还有的人,担心下属什么都做不好,总要亲力亲为。

我们都知道,好的设计,通常会有留白;一顿美食,也需要素食白饭白开水。管理也一样,不必把自己排得那么满。要学会合理授权,让下属更好地做下属的事。一个人的能力毕竟有限,越俎代庖、大包大揽是不可取的。只有调动下属的积极性,群策群力,才能把事情办好。

经典案例

唐纳德·希尔顿以5000美元创业,历经种种磨难,终于成为闻名世界的旅店大王和亿万富翁。他的成功在很大程度上来源于用人之道和管理技巧。

希尔顿21岁时,父亲让他担任了一个旅馆的经理职务,并把一小部分股权转让给他,这使他看到了独立经营旅馆的希望。然而,令希尔顿不满的是,父亲名义上是让他独立经营旅馆,而实际上常对他的经营方法大加干涉,这使他尝尽了被人约束的苦头。所以,当希尔顿真的拥有自己的旅馆之后便告诫自己,不要再让下属受到和自己当年一样的约束。他总是小心慎重地选拔人才,一旦确定任用某人,就会授予他适当的权力,让他在工作中充分发挥自己的聪明才智。

在希尔顿的旅馆王国中,有很多高级管理者都是从基层被一步步提拔上来的。希尔顿对自己提升的每一位员工都非常信任,让他们在各自的岗位上尽情地施展才能。这些员工由于得到希尔顿的充分信任,对工作尽心尽责,个个都表现得非常出色。如果员工不小心在工作中出现了差错,希尔顿总是先让他们自己去解决;实在不能解决的,他会把他们叫到自己的办公室来单独谈话,先对他们表现出色的地方鼓励一番,然后再客观地分析员工出现错误的原因,并一起寻找解决问题的方法。希尔顿认为,只有授权与信任两个方面一起做好,才能使下属对自己充满信心,即便员工在工作中出现一些错误,只要随时改正,就不会影响大局。领导者一味地对员工的错误进行指责,不但不能解决问题,反而会严重打击他们工作的积极性和主动性,从而动摇企业发展的根基。

密码透析

因为希尔顿对下属尊重、宽容和信任,并适当授权,所以其下属对工

作认真负责、兢兢业业,对领导对公司忠诚信赖。使公司上下呈现出一种和谐愉快的工作氛围。而这也正是希尔顿旅馆王国兴旺发达的关键所在。可是现在很多企业家并不是这样的。

有一个职业经理人,他和一家公司的几个中层领导聊天,他们向他抱怨老板不授权,小到办公室的杂事,大到经营战略规划,一律都要管。他们让这位经理人劝劝老板,说"这帮兄弟"还是很乐意为他分担责任的,不要一个人那么累。经理人就问他们老板:你怎么不授点权给下属呢?老板说不是自己不想授权,谁不想轻松?关键是他们的能力实在不敢恭维,很多事都搞不定,还得自己亲自抓。经理说:既然他们做不好,你去找做得好的人来做啊。他说,能像他这样有经验、有学识、有智慧的人至今还找不到。

这是一个认为缺了自己地球会停止转动的领导,他不喜欢他的部属自己不声不响地把工作做好;他喜欢下属事事报告,大小事都要由他亲自"拍板",不然就不放心。这也是一种管理方式,不过,这种管法领导要被累死,下属要被困死。领导的时间总是有限的,要是让有限的时间被各种事务性工作填满的话,就会很影响管理的效率。而这样下去,下属必然失去许多在工作中学习的机会,人才也会变成庸才。

有一些企业领导不敢或不愿给下属授权,这主要是因为对授权的实质和意义缺乏全面准确的理解。授权的目的就是让下属更有效地工作。作为领导,应该明白,如果你被限制在从事一些简单的技术性工作,你就没有更多的精力来完成更重要的工作。一个领导者的工作绩效并不是以本人的专长或技能来衡量的,而是看你指挥、协调下属完成任务的能力和水平。

管理界有句名言:越繁忙的经理说明其越无能。这是有一定道理的。如果某个领导认为自己的智慧可以大于整个团队的智慧,这不是企业的幸运,而是企业的悲哀——得到一棵树,却丢掉了整片森林。一个企业领导者如果认为自己无所不能、无人能超越,事事亲力亲为,其结果将使手下的人变成懒惰的庸才,而且企业很可能在他出事的时候走向毁灭。

领导者要学会合理授权,授权不仅意味着下属接受了一个任务,更意

· 85 ·

味着让他获得了一个舞台,可以使他在这个舞台上充分施展自己的才华。对于领导者来讲,合理地放权,可以使自己摆脱那些烦琐的事务,腾出更多的时间和精力,研究企业的重大问题,监督指导下属的工作,对团队进行整体协调,从而提高团队的整体工作效率。

☆亚联——尊重别人等于尊重自己

管理效果

尊重,这是企业用人哲学的基点,它把人视作其事业的核心。企业家开办公司并雇用员工来实现自己的经营目标,那么这些雇员就是你的同事或助手,而不是简单的赚钱工具。因为企业是否能够兴旺发达、保持活力,关键就在这些人身上,更重要的是,你尊重了别人,别人才会反过来尊重你。

经典案例

在美国,流传着这样一个真实的故事。

一天下午,一位穿得很时髦的中年女人带着一个小男孩走进美国著名企业"亚联集团"总部大厦楼下的花园,他们坐在一张长椅上,女人不停地在跟男孩说着什么,一脸生气的样子。不远处有一位白发苍苍的老人正在打扫垃圾。小男孩终于不能忍受女人的大声责骂,他伤心地哭了起来。女人从随身挎包里揪出一团白花花的卫生纸,为男孩擦干眼泪,随手把纸丢在地上。老人瞅了中年女人一眼,她也满不在乎地看了老人一眼,老人什么话也没有说,走过来捡起那团纸扔进一旁的垃圾桶内。

女人不停地责骂孩子,男孩一直都没停止哭泣,过了一会儿,女人又把擦过眼泪的纸扔在地上。老人再次走过来把那团纸捡走,然后回到原处继续工作。老人刚刚弯下腰准备清扫时,女人又丢下了第三团卫生纸……就这样,女人最后扔了六七团纸,老人也不厌其烦地捡了六七次。女人突然指着老人对小男孩说:"你都看见了吧!如果你现在不好好上

学,将来就会跟他一样没出息,做这些既卑贱又肮脏的工作。"

老人依旧没有动怒,他平静地对中年女人说:"夫人,这个花园是亚联集团的私家花园,按规定只有集团员工才能进来。"

女人理直气壮地说道:"那是当然,我是'亚联集团'所属一家公司的部门经理,就在这座大厦里上班!"边说边拿出一张名片丢在老人的身上。老人从地上捡起名片,扔进了垃圾桶,并从口袋里掏出手机拨了一个电话。女人十分生气,正要理论时,发现有一名男子匆匆走过来,恭恭敬敬地站在老人面前。

老人对男子说:"我现在提议免去这位女士在'亚联集团'的职务!"
"是,我立刻按您的指示去办!"那人连声应道。老人说完后径直朝小男孩走去,温和地对他说:"人不光要懂得好好学习,更重要的是要懂得尊重每一个人。"老人说完,就朝大厦走去。中年女人由生气变成了惊呆,她认识那名男子,他是亚联集团所有分公司的总监。

"你……你怎么会对一个清洁工毕恭毕敬呢?"她惊奇地问道。

男子用同情的眼光对女人说道:"他不是什么清洁工,而是亚联集团的总裁。"中年女人一下子瘫坐在长椅上。在这个故事中,中年女人从始至终都没有正眼看过老人一眼,她除了不尊重老人的劳动果实,更主要的是不尊重老人的人格。

密码透析

人是平等的,不论他做什么工作,处于什么职位,都需要对其有足够的尊重。每个人,无论他在企业里的地位如何都是有自尊的。所以,企业管理者必须时时刻刻注意,不能用言行来打击部下,尤其是在公共场合。即使你非常讨厌他,也不能当众表现出来。有些人由于工作能力较差,做不好事情,接受能力又比较弱,不时给管理者添麻烦,想将他调走,又没有地方肯接纳,于是有的领导便说:"他要是能调走,我磕头都来不及!"说这种话就是不尊重别人,就算你有那个意思,也一定要注意说话的分寸、场合。

自尊心强的人,他们不论在什么岗位上,都会尽自己的最大努力把工作做好而不愿落于人后。所以,作为企业领导者一定要懂得尊重下属,当

下属需要面子的时候,给足他们面子。不要因为工作上的一点点失误就当众批评他,你可以采取其他一些方式来处理。比如,当你的秘书在整理报表时出现了差错,你可以这样跟他说:"这些报表你整理得非常及时,但是这些数字你看还有没有可以补充和更正的?"这时,他一定会认真而虚心地接受你的批评,以后的工作也一定会更加努力。

遗憾的是,某些领导者不肯给别人一个台阶下,只要下属一出现什么错误,不把对方训得低头无语他就不甘心。这样的领导不会受到下属的欢迎,也肯定得不到下属的支持,因为他根本不知道怎样去尊重别人。

企业的领导者应该有一颗宽容的心。对下属的小缺点、小过失要能够容忍原谅;对反对自己的人,只要他能出色地完成任务,就要对其友善为怀;对在其位但没有做出应有成绩的人,只要他具备一定的潜力,就要给他创造机会;对把事情搞砸的人,要帮助其查找原因,吸取教训,并共同研究解决问题的办法,而不能一味地批评。

"水至清则无鱼,人至察则无徒。"一个领导者如果过于精明,眼睛里容不得半点沙子,难免让人觉得他心胸狭窄,不尊重别人,这样的领导者很难拥有众多的追随者,一家由这样的领导者掌舵的企业也是不可能取得成功的。

第四章 竞争观：

逆水行舟，不进则退

　　一个无竞争意识、安于现状、不思进取的企业，一定会遭到淘汰。但市场竞争，不一定就会你死我活。有句话说得好：为照亮自己前进的路，无须吹灭别人手中的蜡烛。竞争的最高境界不是像战场那样，两军厮杀，与对手拼个你死我活，而是寻求互惠共存之道，竞争中有合作，为自己开辟一个全新的领域和生存空间。

成功企业的密码

CHENGGONG QIYE DE MIMA

沃尔玛——要想永远在别人前面，你必须跑得更快

竞争效果

在市场竞争异常激烈的当今时代，只有尽可能拉大与竞争对手的差距，把竞争对手远远地抛在后面，使其在短时间内不能与你作近距离争夺，才能在商战中稳操胜券。沃尔玛在其快速扩张中，一个重要的指导思想就是用速度和规模让自己远远胜出。

经典案例

要想永远在别人前面，你必须跑得更快。沃尔玛的经营者深谙此道。

沃尔玛公司的成长速度之快，令人难以置信。1970年，沃尔玛只有32家分店，销售额不过3100万美元。1972年，分店达到51家，销售额上升到7800万美元。1974年，分店78家，销售额1.68亿美元。1976年，分店125家，销售额上升到3.4亿美元。1978年，分店195家，销售额6.78亿美元。到了1980年，分店发展到276家，销售额达到12亿美元。与此同时，利润也成倍增长，从1970年的120万美元增长到1980年的4100万美元。在2004年登上世界500强企业头把交椅时，其年营业收入已经达到2630.09亿美元。

这样的扩张速度的确让人惊叹。其他同行兢兢业业一年也只能开三四家分店，最多也不过五六家，而沃尔玛一年竟然开了50家分店。

沃尔玛在激烈的竞争中得以快速发展的一条重要原因，是它实施了收购扩张战略。扩张是山姆最为热衷的活动，从在本顿威尔开第一家小店时起，他就雄心勃勃地开始寻找第二家店的位置，只要赚到了钱，他就马上投资另一家店。对山姆来说，公司的成长是最让他兴奋的事情。

沃尔玛第一次真正的收购行动开始于1977年。

这一次收购行动并没有遇到多大的阻碍，是山姆的弟弟巴德和戴

维·格拉斯谈妥的一桩交易,购买伊利诺伊州称为"莫尔价值"的小型折价连锁店。这些连锁店年销售额每家平均为 300 万～500 万美元。山姆认为,收购这些小店是将立足点伸向一些新的领域的一种好办法。

此后,沃尔玛一直没有放慢脚步。两年后,沃尔玛已拥有 230 家街面商店,销售额也首次达到 10 亿美元。这是沃尔玛发展中的一个重要里程碑。对此,连山姆自己都颇为惊讶。

当然,这些进步并没有使沃尔玛停步不前。当另一个收购机会出现的时候,它又开始行动了,目标是南部的库恩公司。

当时,有很多东部人还不了解沃尔玛,公司在密西西比以东还没有商店,公司商店还主要集中于阿肯色、路易斯安那、密西西比和得克萨斯,在田纳西、亚拉巴马、佐治亚、南卡来罗纳和北卡来罗纳还只有很少的商店,而在南部根本没有实力与其他同行竞争。

库恩公司的大 K 连锁店是南部一家相当大的商店。这家以田纳西州纳什维尔为基地的公司,在 1920 年前后只是一家杂货店。杰克·库恩和他的兄弟格拉斯将这家公司转变为一个折价零售商店,之后还进行了一两次收购,此时它已经是一个拥有 112 家商店的连锁系列。它虽然以田纳西州为中心,但仍然在肯塔基、亚拉巴马、佐治亚和南卡罗来纳州开展业务。这也正是沃尔玛所想要的,它知道自己该以什么方式进军南部了。

沃尔玛跨越密西西比河,在田纳西州的杰克逊开设了一家分店,而库恩公司就以在阿肯色州的西海伦娜和布莱斯维尔开设分店作为报复。实际情况是,沃尔玛在不断逼近库恩公司,而库恩公司开始摇摇欲坠。此时,沃尔玛的收购计划已经成功了一半。

山姆知道自己该做些什么了。他在自传中说:"我希望在自己的对手或其他人明白过来以前,抢先一步进入那个地区。这就好像是采取一项重大的竞争行动。在这之前,沃尔玛还从未吃掉过类似这种规模的公司,也不知道试着去消化它会有什么结果。"来来回回斟酌了约两年时间后,沃尔玛公司最终收购了库恩公司,扩大了它在南部的势力。

1983 年,沃尔玛又出台一项新的扩张计划——发展山姆会员店。会员店的开设是山姆管理风格的又一杰出表现,这一计划成了沃尔玛进行

扩张的典范之一。

1984年,公司拥有的分店数目达到640个,年销售额突破45亿美元,盈利将近2亿美元。而沃尔玛的分店仍像燎原的野火一样迅速扩展。

密码透析

仔细考察沃尔玛的成功史,我们发现造就沃尔玛早年成功的最重要的因素,就是它采取了农村包围城市的战略方针。当时,美国人一般认为,在人口少于5万的乡镇开平价商场,是不会赢利的,所以,那时的连锁超市都集中在城市,宁可在城市里互相竞争砍价,也要避开乡村。沃尔顿先生反倒觉得乡村才有机会,因为那里竞争少,只要价格足够低,即可赢得市场。

这种市场定位战略,起初是极其容易被对手模仿的,但付诸实施并取得显著效果后,它就很难再被对手成功模仿了。由于比别人先走一步,没用多长时间,沃尔玛基本上在乡镇市场已经形成牢固的垄断地位,从而对后来欲进入者形成了难以逾越的壁垒。沃尔玛在不断扩张中学到的经验和技巧,也使得它在店址选择和店铺开发能力方面占据优势,更为它能够顺藤摸瓜,快速占尽美国大陆几乎所有适合进入的乡镇市场创造了条件。

随着时间的推移,沃尔玛地点定位的主导优势逐渐削弱。因为适合沃尔玛发展的乡镇地点正逐步减少,而沃尔玛也逐步进入城郊甚至城市市场。价格竞争相对于乡镇市场,显得更加激烈和迫切。

如果沃尔玛被胜利冲昏了头脑而仅仅依靠它的初始地点定位优势,它肯定没有今日的辉煌。沃尔玛在发展过程中,培育和建立了多种竞争优势,并且不断地扩大。这些优势最终共同造就了沃尔玛的超级复合优势——低价优势。这一优势是沃尔玛"天天平价"战略的基础。沃尔玛认定,凭着它的增长前景和竞争优势,它的股份自然会有很多人想拥有,于是它于1972年在纽约证券交易所上市,向大众投资者发行股票。从此,股票市场就成了沃尔玛迅速发展的资本来源。

面对来自海外的竞争者,沃尔玛却打算成为一家国际性的公司。它不断扩大自己的竞争优势,在对手还没在此扎下脚跟之前,就把对手远远抛在后头。这些扩大了的优势,包括人才、资金、市场等,以此形成蝴蝶效

应,让自己慢慢地在多领域里具有强大的实力,使自己在零售行业长久处于领先地位。

☆微软——让对手"活着",其实是帮助自己

竞争效果

让对手"活着",对自己是有好处的。没有百事可乐,很难想象可口可乐会怎么样。

对立的双方,虽然存在利益的争夺,但有时一方存在却是另一方存在的前提,在这种情形下,帮助对手也就是在帮助自己。如果竞争对手众多,帮助其中一些强势的竞争对手,也等于增加了自己的力量,削弱了对立的力量。

经典案例

1997年8月6日,微软公司总裁比尔·盖茨宣布了一个重大的决定,他要向陷入危机中的苹果电脑公司注入资金1.5亿美元。这一消息传出,电脑界舆论哗然。

微软和苹果一直是电脑界的重量级拳王,互为对手,在市场竞争中斗智斗勇,互不相让。但到了20世纪90年代中期,苹果公司已风光不再,几乎被淘汰出局。此时如果微软再出重拳,肯定会将苹果逼到绝路。但微软非但没有这样做,反而慷慨地拉了它一把,着实令世人感到迷惑不解。

作为一家大名鼎鼎的高科技企业,苹果电脑公司在个人电脑市场的占有率曾一度超过老牌巨人IBM公司。但是,进入20世纪90年代以来,苹果公司反应迟缓、行动滞后、优势渐失,市场占有率急剧下降,财务状况连年恶化,1995年、1996年都连续处于亏损状态,亏损数额竟高达数亿美元。

对于那些电脑业的后起之秀如微软公司、太阳微系统及网景公司而

言，这一时期却是千载难逢的发展之机。由于电脑的广泛普及，全球互联网络成了人们的热门话题，许多电脑公司都意识到，要抓住20世纪90年代的价值增长机会，必须抓住时机及时搭上互联网这趟快车。微软公司正是紧紧把握网络化这一趋势，着力打造自身在某一方面的优势，从而站稳了脚跟并获得了迅速发展。成长为新霸主的微软公司在这种情况之下突然伸出了援助之手，不仅让苹果公司深感意外，也让电脑界人士大吃一惊。

密码透析

比尔·盖茨曾是苹果公司的一员，曾参与过风靡一时的麦金托什的研制开发，但和自身的经济利益比较起来，这一份对苹果公司的旧情无疑显得分量太轻了。事实上，盖茨向苹果公司注资1.5亿美元使苹果渡过难关，是有他自己的目的的。

首先，盖茨深知，"瘦死的骆驼比马大"，苹果公司作为一家曾辉煌一时的电脑霸主，尽管其目前元气大伤，窘境连连，可是它潜在的实力却不可低估，连作为自己制胜法宝的"视窗"操作系统软件，也有苹果的麦金托什软件的影子在里面。而且许多电脑公司也都抓住苹果公司乏力的机会，纷纷提出与它合作的建议，如1996年苹果公司就与康柏、迪吉多等公司结成了联盟。微软公司的一些主要竞争对手如国际商用机器公司（IBM）、大智公司、太阳微系统公司，特别是网景公司，更是借助与苹果公司的合作来和微软明争暗斗。虽然目前世界上使用"视窗"软件的个人电脑已经达到85％，但微软公司仍不敢无视苹果公司与其他大软件公司的合作，它们一旦取得某种突破，势必会造成一定的市场冲击，影响到微软公司的经营业绩。若及早将苹果公司拉到微软公司这一边就可以减小对微软公司的不利影响，提高微软公司的经营安全度。

其次，盖茨也考虑到了法律方面的问题。美国《反垄断法》规定，如果某个企业的市场占有率超过一定标准，市场中又无对应的制衡产品，那它就要面临垄断方面的调查。若苹果公司彻底垮了，那么，以微软公司操作系统软件的市场占有率（约92％），就要受到美国司法部门的联邦贸易委员会按《反垄断法》进行质疑。若真那样，微软公司为这场诉讼要付出的

第四章

竞争观：逆水行舟，不进则退

费用将大大超过它从苹果公司让出的市场份额中所赚取的利润，而大批的麦金托什爱好者也将纷纷投入到微软公司的竞争对手的阵营里。若是把苹果公司拉过来，两者操作系统软件相加就差不多占领了全部个人计算机市场。在这种情况下，微软公司与苹果公司的软件标准实际上成了整个行业的标准。在这当中，由于微软公司实力大大超过苹果公司，因此它仍可以左右局势，不必担心受到苹果公司的牵制。显然，保留苹果公司对微软公司是有利的。

此外，在网上浏览器方面，微软公司一直心存不平，当初，由于决策和行动稍慢，让网景公司捷足先登，占领了大部分市场。微软公司一直在暗中寻找机会，试图夺回自己在网络方面的优势。通过与苹果公司联手，微软公司可以将自己生产的因特网浏览器装在每一台苹果电脑的包装盒里。用户如欲用网景浏览器，就得自己去买软件，自己安装，极不方便，这就为微软的因特网浏览器增加了竞争获胜的筹码。

由于太阳微系统、大智与IBM等公司在联手开发功能强大的开放性的Linux程序语言以及Java语言，有意把它们开发成继"视窗"之后未来的网络标准操作软件。这是微软最不愿意面对的前景，那将严重威胁到微软的"视窗"软件。将苹果公司拉过来后，微软自然就增加了自方的实力。

在国内，移动跟联通的一场大战也很能说明问题。

某省的首府，移动和联通号码比例是3：1，有个批发市场是整个城市卡号销售的中心，它就在移动公司的楼下。于是移动公司强令所有的档口，只能卖移动的卡，而不许卖联通的卡。联通在当地市场的占有率，节节下降，只有移动的1/5了。由于在批发市场外，没有其他的市场可以提供给联通，电信管理部门也只能徒叹奈何。

当地联通老板最后决定采取降价处理，而移动则采用紧跟策略，联通降一次，移动就跟着降一次，只比联通贵一点点。联通的老板说，你们跟，我就继续降，降到你们不敢跟为止，就这样持续了三个多月，最后移动的老板仔细地核算了一下，不算不知道，一算吓一跳。因为这样持续下去，年底联通只亏损1个亿，而移动会亏损5个亿。最后，移动的老板不得不

主动找联通谈判。

美国总统林肯曾经说过:"把敌人变成朋友,既消灭了一个敌人,又多了一个朋友。"如此看来,比尔·盖茨对陷入困境的苹果公司的态度和做法是明智的,是值得称道的。

☆吉列——要想发展就得自己先打败自己

竞争效果

据说,狐狸种族为了锻炼后代独立生存的能力,在狐狸还很小的时候就教给它独立寻食的本领,并告诉它如何防御外敌的入侵。长大后,老狐狸就会把它们赶得远远的,让它们独立生活。除了这种自然界的"择优"之外,狐狸还会吃掉自己弱小或者有缺陷的幼崽来优化种族,始终使自己的种族在竞争中处于优势。

这种"自吃幼崽"的现象在吉列表现得很突出,为了使自己能够在激烈的竞争中取胜并稳步发展,吉利一直在积极地寻找自己产品的缺点和不足,通过生产出更新更先进的产品来击败自己原有的产品,以获得长期稳定的发展。

经典案例

20世纪60年代,吉列剃须刀公司的竞争对手威克森·索德公司向市场推出了一种不锈钢刀片,抢占了市场,将吉列公司打得晕头转向。

1970年,威克森公司又推出了一种粘合型剃刀,把金属刀片以最宜剃须的角度嵌合在塑料刀架中,结果市场好评如潮,再次对吉列造成了威胁。

几乎被置于死地的吉列此时如梦方醒,意识到不可以跟在别人后面跑了,必须主动出击。于是,它开始了出人意料的反攻。

很快,吉列推出了"特瑞克"——世界上最早的双刃剃须刀,这是对自己以往产品的颠覆。在广告中,吉列坦率地说:两面刀刃比一面的好,它比吉列的拳头产品超级蓝牌更好。这种刀片赢得了消费者的赞许,人们纷纷购买新产品以替代旧产品,而对于吉列公司来说,虽然老牌子被扔掉了,但自己夺去自己的生意总比被别人夺走的好。

6年以后,吉列公司又引入了"阿特华"剃须刀,这是最早的可调整双刃剃须刀,它再一次"否定"了自己的优势产品特瑞克。

紧接着,吉列毫不犹豫地推出了"好消息"牌剃须刀,这是一种便宜的、可自由使用的剃须刀,并且带有两个以上的备用刀片。这个"好消息"对于吉列的竞争对手比克公司来说可不是一个好消息,当时它也正想推出自己的一次性剃须刀。

尽管由于"好消息"剃须刀的生产费用高,销售量却不如可替换刀片的剃须刀大,股东们非常恼火,吉列的日子也不好过,但是从品牌战略上来说,"好消息"剃须刀的推出却是非常成功的,它成功地阻止了比克公司夺走一次性剃须刀市场的图谋,使比克公司在一次性刀片的市场中损失了超过2500万美元。

在对手还没有反应过来时,善于自我竞争的吉列又马不停蹄地推出了"皮伏特"——一种使用起来更自由的剃须刀。

尽管看上去吉列是在一次次地挥刀自割,但事实上,它却一点点扩大了自己的领先优势,如今它的市场份额已达60%以上。

密码透析

要想发展就得自己先打败自己。吉列的成功充分说明了这一点。

无独有偶,其他一些一流企业也深谙此道。

通用电气有一项鲜为人知的举措:公司拨出一笔专款,选出一批类似"黑客"的人才,让他们专门寻找通用电气的弱点并实施攻击,其绩效考核就看他们击倒了多少个通用产品。

在IT行业,微软公司也一直坚持"自吃幼崽"的原则。比尔·盖茨说:"有些人认为自己掌握了一门技能,生产出某种产品,就可以一劳永逸、万事大吉了,这种想法是非常危险的,因为世界上没有一劳永逸的事情,在计算机领域,技术的发展日新月异,所以对技术的掌握更不可能做到一劳永逸。"创新、淘汰、再创新、再淘汰,企业的发展永无止境。比尔·

成功企业的密码

盖茨这样告诫自己和公司员工:"我们不能满足于现在已有的产品,我们要不断地自我更新。每个人都要明白,本公司的产品是由我们自己的新产品来取代,而不是被别人所取代。"因为盖茨很明白,如果自己不逼自己进步,迟早会受到别人的逼迫。

从吉利、通用电气、微软等公司奉行的"自吃幼崽"的发展原则中,我们可以得到两点启示:第一,如果企业不推出更新的商品来取代自己原有的产品,最终将会被别人取代;第二,面对日新月异的技术更新,谁能做到领先改变,谁就能抓住市场的先机。

拿破仑·希尔说:"天下有很多人一无所成,原因就是他太容易满足了。要想让自己有所进步,就不要满足于现在的位置。这种不满足的精神可以帮你成功。"经营企业也是一样,要想把一个企业经营成功,只有不断地进取,提高自己的技术,以自己的新产品来打败自己原来的产品,只有这样,才可以使一个企业持续不断地稳步发展,长久地立于不败之地。

☆联想——对手的失误是自己的机会

竞争效果

在一些顶尖级体育比赛中,比赛双方的实力与水平难分伯仲,那么比赛比的是什么?比的是谁不犯错误或者少犯错误。当一方发生哪怕是一点点失误时,若另一方立即抓住不放,而自己只需发挥正常,凭借着这一点点优势就足以胜出。

企业在竞争中也一样,要密切关注竞争对手的行为,从中发现其失误或者犯错的征兆。一旦发现,就应该迅速采取有效的措施,扩大自己的成果,最后取代对手的位置。

经典案例

联想集团在全球个人电脑市场能够取得成功,除自身努力之外,戴尔、惠普的失误,客观上确实帮了联想大忙。

竞争观：逆水行舟，不进则退

戴尔被称为"那是一家没有文化的公司，除了销售额，什么都没有"。为了销售业绩，它的员工不择手段，终于曝出"邮件门"丑闻（戴尔公司一员工在邮件中试图阻止客户购买联想电脑，称"购买联想产品，就等于支持了中国政府"）。该恶劣行为经媒体曝光后，在全球掀起轩然大波，戴尔形象陡降。与之形成鲜明对照的是，联想被普遍认为是一家"有思想，有文化，有追求"的公司，代表着未来。"邮件门"事件之后不久，2006年8月戴尔中国总裁兼亚太区副总裁麦大伟"投诚"联想，担任联想亚太地区总裁、联想集团高级副总裁，负责亚太地区包括销售、市场、运营以及服务与支持在内的所有面向消费者的业务；仅过了两周，戴尔又有4名亚太高管同样选择了"倒戈"。麦大伟等人成为联想海外战略新一轮的发动机。

这些年，惠普也在不断"帮"联想的忙。惠普从卡莉·菲奥莉娜时代就没有破案的"泄密"内耗事件，延续到了邓恩这里终于演变成"电话门"丑闻。邓恩在接替前CEO卡莉·菲奥莉娜以后，聘请私人侦探非法获取董事及记者的电话记录，以追查公司反复出现的高层会议泄密事件。泄密"主犯"查出来了，但长着满头金发的60岁的邓恩也付出了惨痛的代价。由于采用的是非法调查手段，这位惠普全球董事长则不得不以离职了结她一手导演的"电话门"事件。"电话门"使惠普董事会近年不断的内斗曝光于大众，令这家企业面临着数十年来最严峻的信任危机。

而在戴尔、惠普麻烦不断的时候，联想却向全球大举进军，在其后不久的2007年9月30日，联想宣告并购通用电器的PC成功，成为全球第三大PC公司。

密码透析

有时候，对手的失误或犯错是挑战者成功的主要原因甚至是唯一原因。挑战者应及时抓住对手因失误而遇到麻烦的有利时机，针对其短处，发起进攻。

对手的短处一般有两种：一是其实力强大背后隐藏的短处，二是其市场地位高带来的短处。针对这两类短处发起进攻，对手一般均无还手之力，因为这时对手已陷入一种两难困境，如果反击就会伤害自身。

为了进一步说明问题，我们再举"双汇"打败"春都"和华旗资讯如何

赢得数码视听市场的例子。

1992年,当双汇介入火腿肠行业时,春都已经霸占火腿肠市场6年。1997年,亚洲金融危机爆发,市场突然萎缩,火腿肠行业"降"声一片,但当时的行业龙头春都就是不降价。表面上,春都自恃强势品牌,不降价照样能卖货,而实际上,由于它产品单一,降价就意味着降利润,其软肋暴露无遗。春都的这个短处被双汇抓住了。

双汇与其他同行一起坚决降价,同时强力推出高档新产品"王中王"。由于新产品没有对手,属于高价高利润产品,双汇用"王中王"的利润支持普通肠打价格战,结果,低端产品赢得了市场,高端产品赢得了利润,春都无法接招儿,从此一蹶不振,双汇成功取而代之。基于有过颠覆老大的经历,双汇提出"要让对手感到高不可攀"。后来,双汇一直坚持拉大与对手的距离,坚持"行业通吃",在"厨房里面闹革命",构筑起产业链竞争优势,尤以创导"冷鲜肉"最令人瞩目,还进入了高端的低温肉制品市场,从而避免了单一行业、单一品类的竞争,让后来者难以望其项背。

当爱国者进入MP3市场时,日韩企业已经盘踞其中。华旗资讯瞄准行业龙头弱点,推出领先一步的差异化产品,实现了对韩国三星的超越。

当时垄断市场的韩国MP3在使用时需要安装驱动程序,还要有专门的电脑连接线,这让使用者很是头疼。这些老牌企业认为,这不是他们的责任,以后微软自会解决。这个机会被华旗资讯抓住了。他们将USB的移动存储技术嫁接过来,直接加入到MP3播放芯片中,实现了MP3即插即用,省去了装驱动程序的麻烦,爱国者因此大受欢迎。2002年8月,爱国者经典MP3 V系列诞生,仅过了8个月,爱国者MP3市场占有率就超过了三星。之后,华旗资讯在该领域一路领先,先后推出彩屏MP3、MP4和"月光宝盒"等拳头产品,连续三年销量第一,奠定了其在数码视听领域的老大地位。

所以,在市场竞争中,一个企业在关注自身经营状况的同时,要密切注视你的对手,当他们出现差错或者他们的弱点暴露的时候,你的机会就来了。

第四章

竞争观：逆水行舟，不进则退

☆薇姿——以己之长击彼之短

竞争效果

一家企业要想在市场上站稳脚跟，不是一件容易的事情，因为强大的竞争对手总想把别人挤出这个市场。那么该采用什么样的战略来应对强大的对手呢？"田忌赛马"的故事值得借鉴。田忌参赛的马虽然在总体实力上不如对方，但是因为他采用了"以己之长击彼之短"战略，所以能够在比赛中获胜。这在经济学上称为"错位竞争"，即寻找对手弱点，用己之长击彼之短，形成局部优势，以求在竞争中获胜。

经典案例

在竞争相当激烈的化妆品行业，绝大多数的化妆品公司都认为化妆品只有打进那些高档次的大商场才好销售。而薇姿化妆品公司却与众不同，它独辟蹊径，决定把化妆品打入各地的药房进行销售。

法国薇姿化妆品是在1998年进入中国市场的，当时中国的化妆品市场几乎饱和，国产化妆品、合资化妆品、进口化妆品三者呈"三国鼎立"态势，此时薇姿要想在竞争激烈的中国市场占有一席之地，必须要做到与众不同。

于是，薇姿给自己的品牌定位为"为肌肤带来健康"，市场定位为"高中档化妆品"，同时把不太在意价格、注重健康的理性消费者确定为目标消费群。

经过详细的市场调查，薇姿公司发现在化妆品市场中虽然不同品牌的化妆品各领风骚，但是药店却是一个未被化妆品占领的地方。药店是那些寻求健康的人必去的场所，而且药店与其他的商场不同，它给消费者的感觉是专业、可靠，这一点和薇姿的品牌形象定位恰好吻合。如果能把薇姿化妆品放在各个药店中进行出售，会让消费者认为薇姿化妆品是更专业、更健康、更可靠的化妆品，这是任何广告宣传都无法达到的效果。

就这样，薇姿把药房作为其化妆品的主要销售渠道，巧妙地避开了与其他知名品牌的正面竞争，稳稳当当地坐上了中国化妆品市场中"健康营销"的第一把交椅，更重要的是它在消费者心目中树立了专业、健康、可靠的品牌形象。在短短两年时间里，薇姿打入北京、上海、深圳、武汉等多座大城市，在化妆品市场中占有较大的份额。

密码透析

如果薇姿采取正面竞争，跟那些强大的对手直接硬碰硬，必然会被撞得头破血流，就算获得了胜利，也会元气大伤。

在市场竞争异常激烈的当今时代，一个企业要想生存和发展，必须不断地寻找市场的需求，去发现对手没有发现或忽略的领域，尽量避免正面竞争，多想办法另辟蹊径。要展现自己的特色，以自己独特的优势战胜竞争对手，赢得更大的市场和发展前景。

海尔能够在美国迅速打开市场，靠的也是"错位竞争"策略。

海尔进入美国市场时面对的是通用、惠而浦（Whirlpool）和美泰克（Maytag）等本土大品牌，而自己没有一丁点知名度，消费者甚至连 Haier 这个词怎么念都不知道。海尔美国贸易公司建立后，张瑞敏一直在冥思苦想怎样才能打入美国的主流市场。

海尔通过调查得知，当时在美国市场，200升以上的大型冰箱被通用、惠而浦等企业所垄断，160升以下的冰箱销量较少，通用等厂商认为这是一个需求量不大的产品，没有投入多少精力去开发。然而海尔发现，美国的家庭人口正在变少，小型冰箱将会越来越受欢迎，比如独身者和留学生就很喜欢小型冰箱。因此，海尔没有与惠而浦、通用、美泰克等主流产品对着干，而是独辟蹊径，推出了50升、76升和110升三种规格的小型冰箱。结果，不仅很快获得消费者的青睐，也折服了美国最大的家电零售商沃尔玛。2003年，沃尔玛开始销售海尔的两种小型电冰箱和两种小型冷柜。目前，海尔小冰箱在美国市场上的份额已占一半以上。

由此可见，一个企业要想在竞争中获胜，不仅要靠自己强大的实力，更要分析对手怎么想，做到知己知彼；同时采用与众不同的竞争策略，不要总是和对手进行正面的碰撞，而要发挥自己特有的优势。

☆华为——我们是"一群狼"

竞争观：逆水行舟，不进则退

竞争效果

在竞争激烈的商场，商家都惧怕像狼这种群体杀伤力极强的竞争对手。狼不同于狮子、虎、豹等动物，主要靠个体的凶猛来获胜。它是一种群居动物，它靠的是"团队"的力量，狼与狼之间既有明确的分工，又有密切的合作，在面对危险时，它们总是齐心协力战胜比自己强很多倍的对手。很多身材高大的动物都不惧怕单独的一只狼，但是一个有着密切合作精神的狼群，足以让狮、虎、豹等凶猛的动物退避三舍。所以一个企业要想在竞争中立于不败之地，必须要懂得狼群法则，学习狼的团队合作精神。

经典案例

如果把当今的通信制造业中不同性质的企业比作草原上的 3 种动物，那么跨国公司就像狮子，跨国公司在中国的合资企业就像豹子，中国的本土企业就像土狼。在通信制造业始终处于领先地位的华为公司就是最具特色的土狼。

华为公司崇尚狼的精神，华为的老总任正非归纳出了狼的三大特性：一是敏锐的嗅觉；二是不屈不挠、奋不顾身的进攻精神；三是群体奋斗。这三点是狼在厮杀中成功的法宝，转用到企业的竞争中，也会形成不可思议的力量。

任正非认为，企业要发展需要有点狼性。有狼一样敏锐的嗅觉，就能及时察觉对手的动向和市场的变化，抓住先机、把握主动；有了狼一样不屈不挠、奋不顾身的进攻精神和群体奋斗精神，在竞争中就能做到不怕失败、勇往直前，精诚团结、戮力同心，去夺取胜利。华为公司正是通过不断对团队员工进行"狼性精神"的企业文化教育，使其变成一个具有很强战斗力的团队，在商场上纵横驰骋，实现了市场份额的不断扩张，成为国内

占主宰地位的电信设备企业。

密码透析

经常可以见到这样的广告:"高薪诚聘管理精英","欢迎营销天才加盟"等。诚然,我们不能否认精英个人能力的作用。但是,在当今的商场上,光凭一个人单打独斗,是不可能成功的,即使此人很优秀,他发挥的能量总是有限的。团队全体成员的密切合作则可以使力量变得强大无比。所以有人说"世界上没有完美的个人,只有完美的团队"。此话不无道理。

个人单独的力量不可能改变企业的面貌,只有培养企业的团队合作精神,靠全体员工的共同努力,才可以使一个企业在竞争中获胜。而团队合作的精神就很有必要学习狼的狼性法则里的精神。

一个企业要想在竞争中获得稳定长久的发展,在发展中立于不败之地,团队的合作才是核心竞争力。市场竞争的实质就是团队合作能力的竞争。我们需要建立一种可以凝聚全体员工力量的合作精神,打造一种"狼的团队",形成一种"狼群杀阵"的壮观气势。个体的弱小并不可怕,只要把所有个体打造成齐心协力、紧密合作的"狼的团队",照样能战胜那些强大的竞争对手。

☆农夫山泉——进攻是最好的防守

竞争效果

商场上,要想打败竞争对手,企业必须在恰当的时机,采用恰当的战略战术。有时候需要防守,主动进攻就是最好的防守。采取积极进攻的策略,将竞争引向竞争对手的市场领域,既可开拓新市场,又能巩固已有的市场。

农夫山泉就是用这个方式打败他的竞争对手的。

经典案例

提起农夫山泉,人们脑海中首先闪现的准是那句经典的广告语——

第四章 竞争观：逆水行舟，不进则退

"农夫山泉有点甜"。这句广告语,首先在农夫山泉一则有趣的电视广告中提到：一个乡村学校里,当老师正在往黑板上写字时,调皮的学生忍不住喝农夫山泉。学生推拉瓶盖发出的砰砰声让老师很生气。老师说,上课请不要发出这样的声音。下课后,老师却一边喝着农夫山泉,一边称赞道："农夫山泉,有点甜。"于是"农夫山泉有点甜"的广告语广为流传。

为什么农夫山泉广告定位于"有点甜",而不是像乐百氏广告那样,宣传重点为"净化"呢？这就是农夫山泉广告的精髓所在了。

农夫山泉对纯净水进行了深入分析,发现纯净水有很大的问题,问题就出在"纯净"上：它连人体需要的微量元素也没有,这违反了人类与自然和谐的天性,与消费者的需求不符。农夫山泉抓住了纯净水产品的这个弱点,决定要在这里做足文章。

这则广告播出不久,全国饮用水行业排名第三的农夫山泉召开新闻发布会,宣称经科学实验证明,纯净水对人的健康无益,为对消费者健康负责,农夫山泉决定不再生产纯净水,转而全力投向天然水的生产。这一消息立即被媒体炒得全国皆知。

与此同时,农夫山泉先后在中央电视台播出了两则广告。一则是"水仙花生长对比实验"广告：两株水仙花,一株浇注纯净水,另一株浇注农夫山泉天然水,结果后者长势明显好于前者。另一则是形象广告,主题是"农夫山泉天然水,好水喝出健康来！"

面对农夫山泉"诋毁"纯净水的做法,纯净水厂家组成了"反农同盟",通过各种渠道向农夫山泉发起了猛烈反击。

面对纯净水厂商的反击,农夫山泉不慌不忙,沉着应战。"纯净水对人的健康无益",这是"科学实验"表明的。农夫山泉以"科学"为武器,反击纯净水厂家的"声讨"。

农夫山泉提及的"科学实验"是由浙江大学生物医学工程学院、浙江省心脑血管系统中药筛选与评价重点实验室的博士后白海波主持的"水与生命"课题组所做的。该课题组公布的实验结论性报告——《农夫山泉天然水水质研究阶段性成果》认为,天然水及其中含有的钾、钠、钙、镁离子对维持生命极为重要,而纯净水与之相比则有极为明显的差距。

成功企业的密码

随后,农夫山泉宣布将与中国青少年科技辅导员协会联合开展一项名为"争当小小科学家"的活动,倡议小学生进行天然水、纯净水的生物比较实验,弄明白究竟什么水好。这一活动规模盛大,有来自北京、上海、广州、西安、成都等21个大中城市的2700多所学校的学生参加,而且活动的开始时间精心选择在6月5日——世界环境日。

这一比较实验是将金鱼、大蒜分别放入纯净水与天然水中,然后观察其存活和发育状况。结果发现:养在天然水中的金鱼,一直好好地活着;而养在纯净水中的金鱼,几天后就都死了。大蒜的生长情况是,7天后,放在纯净水中的大蒜根须长出2厘米,放在天然水中的长出4厘米;40天后,纯净水中的大蒜根须重量不到5克,天然水中的大蒜根须超过12克。在活生生的事实面前,农夫山泉有力地证明了自己。

早从多年前开始,"喝不喝纯净水"就曾引起广泛的争论,而且有相当多的一部分人倾向于"不喝纯净水"。更有专家反复提醒人们,纯净水是pH呈弱酸性的水(人应当喝pH呈弱碱性的水),这种水在德国等西方国家是禁止饮用的水,在美国主要用于研制超纯材料。

上海市教委也曾下发给中小学一份文件,引述上海市科委及卫生局的一项论证结果说:"中小学生正处于智力发育阶段,加上好动而损耗许多无机盐和矿物质,如长期饮用纯净水,将会对中小学生的健康成长造成影响。"无独有偶,世界卫生组织在此前也公布了一项资料,称人体的微量元素有5‰~11.5‰只能从天然水中获得。

这样一来,在当时纯净水占了绝对优势的中国水市场,农夫山泉天然水的反定位就显得卓尔不群,给人留下深刻的印象。并且它表现出来的是一种对不知内情的广大消费者的身体健康负责的态度,这种企业形象,很快得到了普通消费者的一致认可。

农夫山泉也借"有点甜"的特性优势,由名不见经传的小企业发展成为饮水市场三分鼎足的著名企业,其声势直逼传统霸主乐百氏、娃哈哈。

密码透析

"最好的防守就是进攻。"与其坐以待毙,不如找到敌方的短处主动出击。农夫山泉能在市场"饱和"的状况下,通过攻击对手的软肋,从"老虎"

106

嘴里抢下一块肉,使自己迅速壮大起来,是很值得当今的企业借鉴的。当然,以攻为守是有条件的。首先对竞争对手的产品、服务理念等要有充分的研究和了解,其次要有进攻的实力。

农夫山泉的广告词突出的是"有点甜"。但它真的甜吗?其实它甜不甜,这并不重要,这里需要的是发挥心理暗示的作用。经过这种定位营销策略的反复暗示,大家都会认为:"甜,真是甜啊!"这个"甜",是一种心里的感觉:一是"甜"在天然。事实上,农夫山泉在否定纯净水时,也率先在中国水市场推出了另一个新概念:天然水。天然水不同于矿泉水,它除含有丰富的矿物质外,还含有比矿泉水中更多的构成生命动力的微量元素。国际知名的瓶装饮用水都致力于开发天然水,如法国 Evian,美国 Akkowhead、Cyrstal,比利时 SPA 等。二是"甜"在洁净。农夫山泉从美国引进了 90 年代中期国际上最先进的设备,厂房按制药企业要求设计,包装车间的净化级别为一万级。可见,其"甜"味既不来自于糖,也不来自于糖精。它用最先进的技术保证了天然水品质的纯净,而不是纯净水厂家所推广的水中"一无所有"(当然不甜)式的"绝对干净"。

作为天然水厂家,农夫山泉自然高举起反对纯净水的大旗,而它通过"有点甜"的反定位战略正是在向消费者透露这样的信息:我农夫山泉才是天然的、健康的。一个既无污染又含微量元素的天然水品牌,与纯净水相比,价格相差并不大,消费者会如何选择自然可想而知。

☆松下——把对手捧起来让其自晕

竞争效果

有些企业领导者当面临着竞争对方可能威胁到自己市场"领地"的时候,利用自己在行业中的影响力,对对方某些利于己方的举动大加赞扬,以麻痹对方,延缓对方进攻的步伐,甚至使对方放弃进攻行为,从而达到巩固自己的市场地位的目的。

这种"捧杀对手"的策略,常常为某一行业或某一领域内有较大影响力的企业所采用,并多以私人交往的方式来实现,不动声色,不露痕迹。

经典案例

一天,东京京桥的蛇目衣车工业总公司的社长岛田,意外地收到大名鼎鼎的松下幸之助的一封言辞诚恳的亲笔信。信的内容是这样的:"十分冒昧地给您写信,很对不起。关于您对蛇目衣车的经营,使我深受感动。从报道中看到您说:'蛇目衣车公司除了衣车以外,什么也不生产。有很多因插手各种行业而导致失败的例子,衣车厂家只应该生产衣车。'并且您也将它贯彻实行了。这种专业的经营方针,是蛇目衣车公司独特的作风。我们松下电器也在考虑类似的做法。总之,想试着插手其他行业,是人类的一种劣根性。而我觉得,您对专业的研究令人非常钦佩。另外,我想亲耳聆听您的教诲。×月×日在京都真真庵等候您,请务必前来。"

岛田对此既惊诧而又高兴,惊诧的是松下先生居然亲自给自己写信,高兴的是松下如此看得起自己。正当岛田先生沉浸在无比兴奋之中时,他的好朋友——记者铃木光临。岛田把信递给铃木,并神秘而得意地朝他一笑,不无炫耀地说:"这是松下先生写给我的亲笔信。"

"你和松下先生认识吗?"铃木接过信问道。

"不,未曾谋面,只是久仰他的大名。至于他,恐怕也听说过我。"岛田一脸陶醉的表情。

铃木展信阅读,那清秀工整的字迹,给人以严肃认真的感觉。

但是,凭着记者敏锐的嗅觉,铃木读完这封信后感到里面大有文章,否则松下不会给素未谋面、名不见经传的岛田亲自写信。于是,铃木直言不讳地提醒岛田,这可能是松下的阴谋!

可是岛田怎么会相信?

铃木看着天花板,没有理会岛田,他自言自语:"蛇目衣车在全国有600家营业所吧,假设600家营业所都出售电器产品,结果会怎么样?你不认为是对松下电器的威胁吗?松下的阴谋你难道还没有看出来?"

经铃木这么一说,刚才还处在兴奋中的岛田,后背一下子冒出了冷汗。他呆呆地看着铃木,一副不敢相信的表情。不过岛田最后还是决定

接受对方的邀请,走一步看一步。

作为朋友,铃木这样忠告岛田:"不过,你要记住,与他会面时什么都别说。你最好想着,他会说哪些事,这样去会面就没问题了。"

在当时的衣车行业中,情况是这样的:蛇目踞首位,其次是兄弟、力卡。其中,力卡公司已从单一的衣车经营发展到兼营家电和商业旅馆;兄弟公司也已插手电器产品、编织机及与电脑相关的机器。蛇目公司也有不少人主张走多元化经营的路子,因为他们意识到只生产衣车将会阻碍公司的发展。

密码透析

"司马昭之心,路人皆知。"松下盛赞蛇目公司"专业"经营的用意,经过铃木鞭辟入里的分析,岛田应该十分清楚。但是,岛田的虚荣心很快就占了上风。他把松下的信刊登在公司的报刊上,向员工夸耀自己的想法如何高明,以至于得到了"经营之神"的赏识。

松下的高明之处在于:他盛赞岛田的企业在衣车行业中的作为,就是要岛田将注意力放在衣车上,不要插手电器行业,以免和自己构成竞争。岛田越是把松下当做"经营之神"来尊奉,其效果越好。

正因为松下认识到这一点,所以他才给岛田写了那封信。

他的良苦用心,使岛田彻底放弃了竞争的打算,避免了不应有的"流血牺牲"。当然,不是所有的人都会上当,如在中国历史上,三国时期的孙权也用这招吹捧曹操,劝他做皇帝,可曹操不吃这一套,笑着说,这小子想把我放在火上烤。但是,能像曹操这样头脑清醒、不为吹捧所动的人毕竟是少数。所以,此种策略往往能够奏效。

第五章 营销观：
以客户梦想为追求

营销的最高境界是让消费者成为你的活广告，正所谓"自擂自吹，不如消费者的口碑"。所以，企业的营销，要始终把满足客户需求放在第一位，去积累信誉、积累人心。你拥有了信誉、拥有了人心，你生产的产品就会销路畅通，企业也就有了发展的机会，有了壮大的根基。

第五章

营销观：以客户梦想为追求

☆波导——当你欺骗了顾客,你有多少市场可以重来?

营销效果

任何一个企业,在拥有了自己的品牌特色之后,还需要找到着力点,使自己的产品真实可信并且富有文化底蕴。着力点不是空中楼阁,消费者需要你证实给他看,所以你必须能支撑起自己的概念。任何一个特色概念,都必须有理有据,不仅要说得好,更要做得好。

经典案例

波导,曾打出"手机中的战斗机"的广告语,并且通过请娱乐明星李玟做广告,极大地提高了消费者的关注度。与此同时,它还极其巧妙地利用一些热门话题来炒作,如引发国产品牌能否打败洋品牌之争等,不断制造社会舆论,扩大其社会影响。

波导确实因此"火"了一阵子,但也仅仅是一阵子,可谓"来也匆匆,去也匆匆"。现在回过头去理性地分析,波导的"红颜薄命",是其"先天"注定的。

波导给自己的定位是"手机中的战斗机",宣称自己产品的特性是"信号强",有多强呢?高速运动的时候,坐飞机的时候都能打吗?恐怕不是!

波导说自己是"战斗机",难道它是军用产品,所以才质量过硬?对于这一点,它又没有给出一个明确的交代,并且很显然——它不是军用产品!

人们不禁疑惑了:"战斗机"这个词,到底是缘何而来呢?也许是灵感顿生时的"杰作"吧!用一副对子来形容,这就是"墙上芦苇,头重脚轻根底浅;山间竹笋,嘴尖皮厚腹中空",都是"花架子",没有真功夫。

春晚当中,宋丹丹那句"下蛋公鸡,公鸡中的战斗机"可谓是对波导手机的一个绝妙讽刺。

——公鸡能下蛋吗？

——God knows（只有上帝知道）！

再看康佳。2003年，康佳以"奥斯卡影像天下"为品牌的统一主张，主导影像手机战略。这原本是一个非常漂亮的品牌定位，它将企业的发展战略与品牌推广主线有机地结合起来了。

但事实证明，康佳根本没有能力从资源、技术上支撑起这一定位。康佳手机的拍照、录像功能，根本无法与主导品牌的同类手机相比。换句话说，你只是说得好听！群众的眼睛是雪亮的，"噱头"终归是要灰飞烟灭的。

当下，金立提出了"金品质，立天下"的口号，很有力量，确实不错。并且请来了"天王巨星"刘德华来担任代言人，凭借名人效应来带动销量，在现在的国产手机厂商里，也算是做得很好的一个了。

但在强手如林的手机市场上，在NOKIA、MOTO这些"大哥"面前，金立真的可以理直气壮地说自己是"金品质"吗？它的质量真的能和境外的这些品牌比吗？当然，它现在做得很好，自古"以成败论英雄"，就看它能不能笑到最后了。

密码透析

企业在打出一条宣传语或制定一个决策的时候，一定要先掂量掂量，看自己到底有没有能力将它支撑起来。没有"金刚钻"，就不要揽那个"瓷器活"！

消费者不是那么容易被忽悠的，如果你不是那块料就算你蹿红一时，终归也要"原形毕露"。到那个时候，再想翻身可就难了。正如美国商界流传的一句名言所说："倒了牌子的名牌产品要想东山再起，就像下了台的总统希望重入白宫一样困难。"最后只会落得个"搬起石头砸自己脚"的下场，弄不好就"永世不得翻身"。

2008年年底，三鹿进入破产程序。对这样一个有着50多年历史的著名民族品牌的轰然倒下，为它感到惋惜，但此时人们却对它的所作所为感到义愤填膺。因为它不仅往奶粉里掺三聚氰胺，而且竟往三聚氰胺里掺奶粉！质量怎么样先不说，起码你不能害死人啊，这是最基本的。这就是

企业管理者的重大失误——不是能力上的失误,而是道德良心的丧失。

三鹿宣传的企业文化里,明明写着其核心价值观是"诚信、和谐、创新、责任"。他们对"诚信"如是诠释:诚是立身之本,信是兴业之本。诚信是三鹿的基本准则,也是三鹿人的基本信念和处世态度。但可悲的是,他们只是空喊口号、欺骗消费者,并不实行。三鹿的破产,在它往奶粉里掺三聚氰胺那一刻起就已经注定。

因此,任何品牌,一定是可以落实下去的,有着力点的,要让消费者相信这是真的。经商不是玩艺术,这里没有丝毫浪漫可言,有的是"生"与"死"的考验。只要你走错一步,很可能就万劫不复。

☆戴尔——满足顾客的需求

营销效果

一个企业要想生存发展,就必须赚钱获得利润;要想赚钱,就必须把生产的产品卖出去;要想把产品卖出去,就必须要了解顾客的需求。企业发现了顾客的需求,就等于成功了一半;企业满足了顾客的需求,便能获得圆满成功。

经典案例

作为后起之秀的戴尔公司,能在强手如林的电脑市场参与竞争,同IBM、康柏等拥有悠久历史的公司齐头并进,着实不易。但事实是,戴尔挤进去了,并表现上佳,这与它独特的订制化生产方式密切相关。

戴尔公司的营销创新在于它把新型零售方式融入到高科技产品电脑中来,就是将电脑产品"大规模订制化",把微机直接卖给顾客。戴尔公司每年生产数百万台个人计算机,每台都是根据客户的具体要求组装的。这种订制化生产方式极大地满足了客户的各种需求。

福特公司作为戴尔公司的大客户就从中受益匪浅。

戴尔公司为福特不同部门的员工设计了各种不同配置的计算机。当

成功企业的密码

通过福特公司内联网接到订货单时，戴尔公司马上就知道订货的是哪个员工，他需要哪种计算机，公司便为其组装合适的硬件，甚至安装适当的软件，其中有一些包括福特公司储存在戴尔公司的专有密码。戴尔公司的后勤服务软件非常全面、先进，因此，它能够以较低的成本开展大规模订制服务。而对福特公司来说，它虽然要为这种专门订制服务额外支付一定的费用，但是付这笔钱值得。因为如果福特公司从别的经销商那里购买个人计算机，经销商只负责运来机器，那么福特公司就不得不另外聘请信息技术人员对机器进行配置，这一过程需要花费一个专业人员4～6小时的时间，而且不一定能保证配置完全正确。所以，福特公司认为戴尔公司的订制服务完全是物超所值。

成熟的IT和网络技术为戴尔公司订制化的生产与服务创造了条件。公司每年生产大约400万台个人电脑、笔记本电脑和服务器，大多卖给企业而非个人消费者。买主只需拨打免费电话或在戴尔公司网址上登录，提出自己的机器配置，待报价出现在屏幕上，输入信用卡号码，按回车键就行了。

每台微机都按订货生产，从打电话到装配完毕、装车只需36小时。订货资讯源源不断地转到戴尔公司的生产厂，但你在这些工厂是见不到库存的。工厂的总经理说："所有我们的供应商都知道，我们要的配件必须在1小时之内送到。"芯片、集成线路板和驱动器装在货车上，直接开到距离组装线仅50英尺的卸车台。在那儿，没有制成品的库存。

戴尔公司至高无上的理念是直接面向客户。以"直线订购，按需配置"为特色的戴尔公司在全球34个国家设有办事处，开发、设计、生产、销售、服务和支持一系列从笔记本电脑到工作站的个人计算机系统，其产品和服务遍及全球，而每一个系统都根据客户的要求量身定做。

密码透析

你是否经常听到类似这样的话："蔡老板又没有签约。""李先生看了好几回车子了，却都不要。""这房子骆先生又不要。""这件洋装李小姐摸了好几次，就是不下手掏钱。"这些抱怨中提到的都是未达到目的的结果，却忽略了更重要的事：是不是你满足不了客户的需求？不管这种需求是

· 114 ·

什么,至少你不知道就证明你很失败。上一次,李小姐来摸这件衣服,下次她再来的时候,你会做什么?如果她再也不来了,你又会想到什么?很多企业都不注意这些小的细节,可恰恰就是因为这而让它们失去了无数的顾客。

戴尔不一样,它的发展史贯穿着一个重要理念,就是"满足顾客的需求"。它在产品开发、制造及服务上充分考虑客户的需求与建议。它选择的是直销模式,不需要太多的流动资金,没有库存,没有零售店成本,更没有电脑过时的风险,因此也没有降价风险。这既满足了用户的多样性、灵活性需求,又大大地降低了成本,使自己的产品有很大的砍价空间,即使卖得比 IBM、康柏便宜,也有很大的盈利,而同样的价格在 IBM、康柏那里可能要亏本。这样低价格、高质量的产品,客户不欢迎才怪呢!

要想产品被客户接受,就必须把顾客的需求放在第一位,这不只是戴尔一家公司的理念,而早已成为许多企业的共识。

20 世纪 20 年代,斯隆以一个轴承厂老板的身份加盟了 GM(通用)公司。当时福特汽车公司凭着自己先进的 T 型车占领了美国汽车市场一半以上的份额,是通用公司最强大的竞争对手。此时的斯隆已经意识到企业的发展必须以顾客的需求为向导,要想生产出顾客满意的汽车就必须满足顾客的需求,而福特却依然沉醉于自己所生产的 T 型车中,没有任何新的发展计划。斯隆对汽车市场进行了认真分析,认为随着美国经济水平的提高,民众对汽车有了更高的要求。于是,斯隆决定"为不同的钱包和不同的用途生产汽车"。斯隆走访了众多的汽车经销商,详细了解了不同类型的顾客对汽车的需求。经过认真策划和组织实施,终于设计和生产出了适合不同层次的消费者使用的各型汽车。当这些为顾客量身定做的汽车上市后,便立刻受到很多消费者和汽车经销商的青睐,出现了热销的局面。

在这方面海尔公司也做得相当出色。海尔洗衣机科研所所长舒海,在和妻子一起逛商场的时候,听到一位妇女站在洗衣机的柜台边抱怨:用洗衣机洗的衣服会留有洗衣粉的残渣,每次用洗衣机洗完衣服之后,还需再用水龙头冲洗洗衣机内的衣物,太麻烦了。这位妇女不经意的抱怨,提

115

 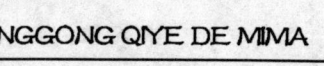

醒了舒海。于是他认真思考如何设计出一种特殊的装置,可以达到彻底清洗衣物的效果。经过一段时间的思考,他终于为海尔洗衣机设计出"喷淋手",并在此基础上生产出最新型的"健康杀菌型"洗衣机。这种洗衣机深受广大消费者的欢迎,其销量大大超过国产的其他品牌的洗衣机。

由此可见,企业在经营过程中,只有了解顾客的需求,才能做到有的放矢,生产出顾客满意的新产品或提供让顾客满意的服务。而一个企业所生产的产品或提供的服务,只有满足了顾客的需求,才能长久生存和发展壮大。

☆IBM——从让顾客满意到让顾客感动

营销效果

"只有把客户没想到的都服务到了,才可能让客户不跟你计较价钱。"这是一位企业家的深切体会,他还说:企业的第一任务就是让顾客满意,顾客是否满意,是决定一个企业生死存亡的重要因素。但是,一个企业要想战胜竞争对手,仅仅让顾客满意还不够,还需要有第二任务,那就是把"让顾客满意"上升到"让顾客感动"。一个企业如果能够做到贴近顾客的心,感动顾客的心,就能成为攻无不克、战无不胜的卓越企业。

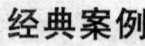

经典案例

IBM获得"世界上最讲求以服务为中心的公司"这一荣誉,可以说当之无愧。请看它的员工是怎样竭诚为顾客服务的吧。

一天,一位住在菲尼斯的顾客急需一个小零件来恢复一个失灵的数据中心的存储功能。IBM立即派一名女员工驾车前往指定的小镇,为这位顾客送货。不料,一场突如其来的瓢泼大雨使通往小镇的道路交通堵塞。按当时的行进速度,这段只有25分钟的车程需要走4个小时。"决不能让顾客久等。"这位女员工此时只有这个念头。她猛然想起车厢里有一

第五章

双旱冰鞋,于是,她把汽车停好后,便穿上那双旱冰鞋,带上货物,滑行前进,及时把零件送到了顾客手中。

这样的故事在IBM公司俯拾皆是。

一位服务代表为了修复一台打字机而历经400英里的行程;一位服务代表为了处理一家木材工厂的问题而乘坐直升机来到俄勒冈的偏僻地区……这些事例无不体现了他们为顾客服务、急顾客之所急的真诚态度和高度责任心。

IBM公司以真诚之心去感动顾客,这是它拥有众多用户和支持者的根本原因。

密码透析

在商品相对过剩与市场竞争最激烈的时期,顾客有了更多的选择,能够让客户满意的企业也越多。在这种情况下,企业要在竞争中脱颖而出,光是有好产品,已经满足不了顾客的需求,这就需要企业在经营过程中,不仅要为顾客提供满意的高质量产品,而且要用真诚的服务态度来感动顾客,打动顾客的心。不少企业因此都在调整经营战略,从原来实施的"产品质量的竞争战略"转向"服务态度的竞争战略"。

贝茨是英国知名连锁超市威廉·默里森的行销主任,他以自己的行销经验点出了销售的真谛:我们之所以让顾客感动,是因为顾客才是产品品牌的拥护者。

一天中午,贝茨和同事来到公司附近的咖啡厅,因为此时正值用餐时间的高峰,店内的每一位工作人员都十分忙碌,贝茨在店内等了很久,才等到自己要的咖啡。当他们喝完咖啡要结账的时候,一位年轻的店员告诉他:"咖啡,我们请客了!"贝茨疑惑不解,问店员是什么人愿意请客。店员回答:"因为你们等了好久,这是店内对顾客表示的歉意。"贝茨领悟了:咖啡店的这一举动本身就是在为自己打造品牌,给顾客以良好的印象,从而使更多的人成为他们的忠诚顾客。

当今时代,一个企业要想在同类产品质量相当的情况下战胜竞争对手,只有在对顾客的服务上下工夫,让顾客获得更多的产品以外的附加价值,使顾客对你的服务感觉满意并产生感动,才有可能。

营销观:以客户梦想为追求

海尔CEO张瑞敏在企业的经营中就提出了"感动顾客"的营销策略。他认为营销其实是"买"不是"卖",要想把企业经营成功,就要真心地向顾客"买"东西,买顾客对企业和产品的满意、信赖和忠诚,买顾客的"心"。因为如今的市场竞争越来越激烈,消费者也越来越理智,在产品质量没有太大区别的情况下,企业只有改变自己的经营策略,把自己放在"买"的位置上,增强服务意识,提高服务质量,才能创造营销工作的新局面。

企业搞营销,"买"顾客的心,比叫卖自己的产品更有效。而要"买"到顾客的心,就必须做到为顾客着想,让顾客获得贴心、真诚的服务,让顾客为此感动。这样顾客才会信赖你的产品,愿意购买你的产品。当你的产品深受广大顾客的青睐时,你还愁产品没销路吗?

☆大中电器——不懂得吃亏,就不能得到发展

营销效果

每一个消费者都希望买到价廉物美的商品。这就要求企业切实控制成本,在保证产品质量的前提下,为消费者提供低价格的产品。

在理性的竞争环境中,物美通常就可以卖高价。而在非理性的竞争中,价格战频仍,高价产品常常只能退守有限的市场领域;如果想保持已有市场份额,或者扩张市场份额,就必须降低价格。

经典案例

北京民营企业——大中电器有限公司的发展,堪称是一个神话故事。以创始人张大中名字命名的大中电器有限公司创办于1982年,是在自家厨房以饼铛为托、织梭作杆,制作并出售60台落地灯起步的。经过近30年的发展,今天的大中电器已跻身全国电器连锁五强之列,成为全国知名的大型电器连锁销售企业之一,年销售额超过100亿元,占领北京电器销售市场50%以上的市场份额,雄居榜首。大中电器经营的商品囊

括家电、通信、IT全系列消费类电子产品,品类达数万种。

"大中"的成功就在于实行"低价和最佳服务"的战略,赢得了广大顾客的信赖。一次,有一位顾客在大中买了一款29寸彩电。提货时因售货员不细心把型号仅差一个字母的同一品牌同一尺寸的电视机错发给了顾客。这件事在当天晚上下班结账时被售货员发现。怎么办?按照一般商场的做法,给顾客更换一台电视,公司派人上门赔礼道歉就可以了。但大中认为,光这样做还不够。一是还不能体现大中公司"为您服务最佳"的宗旨;二是还不足以表现大中公司向顾客认错的诚意。为此,公司不仅派负责人亲自带着这名售货员把那位顾客选中的电视机送上门,诚恳地道了歉,而且全数退还顾客买彩电的钱。对这件事的处理,不仅使本公司的员工受到了一次深刻的工作作风教育,而且经媒体宣传后在社会上也引起了强烈的反响。

"为顾客节约每一元钱"是大中价格战略的核心理念。大中提出了"所售商品,价格最低,发现更低,大中补差"的口号,承诺"所购商品15日内价格谁比我低,差价补给您",始终坚持低价创市场,以薄利实现多销,以多销实现赢利。因而赢得了良好信誉,品牌认知度在北京市场超过90%,被多家权威招聘机构评为"十大人气招聘公司"之一。

2006年以来,大中加快全国连锁步伐,并开始向日用百货进军。业务发展覆盖全国12省22市,连锁店总数达150余家,年销售额突破200亿元。同时,实现了从电器销售商向3C连锁的转型,成为展示前沿科技、引领数字时代消费的"巨型航母"。

密码透析

企业与顾客之间,其实是一种合作关系,一方出售自己的商品,一方购买自己所需要的商品,只有在双方都愿意付出的条件下才可以达到互利。如果有一方不愿降低自己的高度,不肯吃一点亏,那么交易就无法进行。一个不愿意吃亏、不愿意让步的企业,很难获得理想的回报,虽然它暂时会得到些好处,但从长远看,它失去的更多。

很多人都听说过的"盲人挑灯"的故事,讲的就是这个道理。

在一个伸手不见五指的夜晚,一位僧人来到一个荒僻的村庄,看到一

盏灯正朝着他慢慢地移动过来,这时有一位村民说:"孙瞎子来啦!"僧人听到后疑惑不解,一个双目失明、看不到任何东西的人,挑一盏灯走路有什么意义呢?于是这位僧人问这位盲人:"敢问施主,你既然是个盲人,为何还要挑一盏灯走路?"盲人答道:"现在是黑夜,我听说在黑夜,如果没有灯光的照亮,世界上所有的人都要和我一样是盲人,所以我就挑了一盏灯走路。"僧人若有所悟地说:"哦,原来你是为了别人。"那盲人连忙回答道:"不,你错了,我是为了自己。"为了自己?僧人听后更是摸不着头绪,盲人接着说:"我是为了防止别人撞到我。"

这个故事可以这样理解:一个不愿意吃亏的人,别人同样也不会给他好处。一个不愿吃亏、不愿向对方让步的企业,很难找到合作伙伴,也就难以获得事业上的成功。这好比玩跷跷板,如果你总是希望自己永远处在高端上,不愿意处于低端的位置,不愿付出丝毫的力量,这样跷跷板就玩不成,你也就永远得不到玩跷跷板游戏的快乐。

一个善于经营的企业家,应该在考虑自身利益的同时,也考虑让别人获利,才能在互惠互利的过程中发展壮大自己的事业。比如,有的企业经营者为了增加自己产品的销售量,获得更多的利益,他们就会通过降低产品价格的方法来吸引更多的顾客,以此来战胜竞争对手。在这个过程中,消费者以较低的价格买到想要的产品,是受益的一方,对于经营者来说,也并没有吃亏,虽然它降低了单个产品的价格,但是却增加了产品的销量,所获得的总利润是增加而不是减少,这就是互惠。

有一个生产机械设备的厂家,一天早上接到一个客户的电话,说想订一台新的设备,另外还有一台旧的设备想让这个厂家帮忙维修一下。厂家负责人放下电话后,就带上维修机器的师傅和司机立即上路。从厂家到客户那里路程较远,加上正下着大雨,所以足足开了6个小时的车才到达客户所在地。到达时,时间已近下午。当他们费了很大劲把那台旧机器维修好之后,正要准备和客户谈订购新设备的事情时,主管才不好意思地告诉他们,老板最近出国了,等他回来后再谈此事。此时他们已意识到上了客户的当,其实客户并不是真的想订购机器,只是想让他们来维修那台旧机器。他们虽然空手而归,心里有

些失落,但是并没有和客户斤斤计较。

这件事情过去一年之后,意外的事情发生了。一天,那个客户的老板直接打电话到厂家,说想订两台机器,并很感激地说:"上次你们帮我们维修机器没有收费,连饭也没有吃上一顿就连夜赶回,这让我们深受感动,并对你们充分信任,所以在考虑从哪里订购机器时,首先想到的就是你们厂。"

对于一个企业来讲,无论是对顾客,还是对员工或者合作伙伴,都应该像大中和这家机械厂一样,抱着不怕吃亏的态度,当你真心实意地让别人得到实惠和好处的时候,别人也会给予你相应的甚至更多的好处。这就叫互利互惠,共同发展。

☆沃尔玛——天天平价,始终如一

营销效果

每个在沃尔玛购物的人,手上都有一张印有 We sell for less always 英文字样的消费凭据,意思是"天天平价,始终如一"。"天天平价,始终如一",这是沃尔玛的营销策略,也是沃尔玛成功的法宝。

你问沃尔玛的员工:"什么叫'天天平价'?"他们会举例说,5元钱进货的商品3元钱卖,这就是沃尔玛的"天天平价"。

经典案例

沃尔玛创建于1945年,创始人山姆·沃尔顿当时手头只有5000美元,到1998年,沃尔玛在全球零售总额高达1322亿美元,折合人民币10935亿元,利润41亿美元。

连续50年高速扩张,10年上一个台阶,至今仍未停止。是什么使得沃尔玛公司具有如此强大的竞争和扩张能力呢?答案很简单:"天天平价,始终如一",其具体措施可归纳为:

1. 实施仓储式经营管理。沃尔玛商店装修简洁,商品多采用大包装,

成功企业的密码

同时店址绝不会选在租金昂贵的商业繁华地带。

2. 与供应商密切合作。通过电脑联网,实现信息共享,供应商可以在第一时间了解沃尔玛的销售和存货情况,及时安排生产和运输。

3. 以强大的配送中心和先进的通信设备作支撑。沃尔玛拥有全美最大的私人卫星通信系统和最大的私人运输车队;所有分店的电脑都与总部相连,分店发出订单,28小时之内就可以收到配发中心送来的商品。

4. 严格控制管理费用。沃尔玛对行政费用的控制十分严格,如规定采购费不得超过采购金额的1‰,公司整个管理费仅为销售额的2%(而行业平均水平为5%)。减少广告费用。沃尔玛认为保持天天平价就是最好的广告,因此不做太多的促销广告,而将省下来的广告费用用来推出更低价的商品回报顾客。

5. 提供高品质的服务。"保证满意"是沃尔玛商店中悬挂最多的标语之一,这是沃尔玛对顾客作出的承诺。沃尔玛力求做到在提供廉价商品的同时,让顾客享受到超值服务。

密码透析

任何商业活动都需要一定的成本,任何商业活动的开展都为了获得一定的经济收益。就经济行为而言,这里没有慈善家的存在,人人都是为了自己的利益最大化而努力。所以说,每一个商家为了达到自己的利益最大化,不仅需要大力拓展市场、增加销量,还需要进行成本控制。

由此可以得出一个结论:如果一家商场天天在打折,"天天平价"销售,那么它的成本控制一定是失败的,不可能实现利益最大化。可是,坚持"天天平价,始终如一"经营理念的沃尔玛,经常5元钱进货的商品3元钱卖,却成为最赢利的超市。这是为什么呢?

实际上,细心的人会发现沃尔玛的"天天平价"并不是对全场所有商品都打折。商场里只有部分商品如此打了折;不仅只部分打折,而且是轮流打折。比如说,今天是日用品打折,明天是调料打折;这周是烟酒打折,下周是食品打折。其他商品的价格与别的超市的价格没有多大区别。这才是沃尔玛"天天平价,始终如一"的真实情况。

人们也许会产生一个疑问,沃尔玛的商品有的打折,有的不打折,如

122

果"5元钱进货3元出售"是真的,那么岂不是更赔?事实上,并不是如此。沃尔玛商场打折是为了吸引人,而并不是为了促销。如果有人知道沃尔玛打折的商品又有购买意愿,显然愿意前去购物,但去超市是要花费时间的,既然花时间去了,理性的选择不可能只购买打折商品,一般总是要购买一些别的商品,况且其他商品也不比别的超市贵。而那些不知道沃尔玛具体打折的是哪些商品的人心想,既然它有打折商品,而别的商品又不比别处的超市贵,何乐而不去呢?这样一来,商品的销售量自然就提高了,那些打折商品所亏的本钱,也就从其他商品的销售中得到补偿,总利润不但不减,反而增加。

沃尔玛就是这样经营而取得成功的。

第六章　人才观：

赢得人才才能赢得未来

人们在研究近代和现代企业发展史时,发现了一个令人深思的现象:靠原始资本一点点积累而成为百万富翁需要近百年,如美国钢铁大王卡耐基;靠能源资本成为千万富翁需要近50年,如石油大王洛克菲勒;靠技术资本成为百亿富翁需要十几年,如汽车大王福特;而靠人才资本成为世界巨富,只需要几年,如美国电脑奇才比尔·盖茨。可见,企业只有赢得人才,才能赢得未来。

☆海尔——人才是利润最高的商品

人才效果

当今世界,企业之间的竞争,说到底是人才的竞争。一个企业要想在竞争中取得胜利,必须紧紧抓住"人才"这个根本。这就要求企业的管理者,不仅要关注产品、市场、技术,更要关注人的力量。毕竟产品是人做出来的,市场是人开发出来的,技术是人创造出来的。任何企业,利润最高的商品是人才。不要认为诺基亚是生产手机的,丰田是生产汽车的,微软是生产软件的,其实这些优秀的企业都是"生产"人才的。

经典案例

以"真诚到永远"为核心理念的海尔集团,是至今唯一被搬上哈佛大学讲坛加以探讨、诞生于中国的"东方神话"。

是什么让昔日的"濒临倒闭的集体小厂"一跃成为中国家电行业产品开发速度最快、规模最大、品种最多、质量最好、服务最优、市场份额最大、商标价值最高的企业的呢?

海尔老总张瑞敏说:"人的素质是海尔成功的根本。企业是什么?说到底就是人。管理是什么?说到底就是借力。你能把许多人的力量集中起来,这个企业就成功了。如果全体员工愿意把力量借给我,一起完成同一目标,这就是成功的管理。"为此,海尔在确立创世界名牌的目标之后,就一直努力打造可以创世界名牌的人,他们认为,创世界名牌关键是提高人的素质,建立一支面向世界、训练有素、具有创新能力的员工队伍。

在"先造人才,再造名牌"理念的指引下,海尔在干部管理上实行"在位要受控,升迁靠竞争,届满要轮岗,末位要淘汰"的制度;通过公开、公平、公正的竞争,为每个员工提供公平均等的竞争环境和舞台,促使优秀人才脱颖而出,并为其施展才华创造机遇。这些举措,大大提高了海尔员工队伍的整体素质。凭借着人才优势,海尔创造了东方神话。

成功企业的密码

密码透析

在当今社会竞争中,人才的争夺已成为企业的头等大事。从这个意义上说,谁拥有并能合理配置一流的人力资源,谁就会在未来的市场竞争中稳操胜券。

但是很多企业家认识不到这个问题。他们往往舍得花几万块钱去吃饭、洗浴、唱歌,哪怕是打了水漂,也不舍得在人才身上多付出一分。工资、福利舍不得加,保险不舍得上,总之一切应该给人才的东西都舍不得给。反过来,总是让员工加班加点,为自己多赚钱,请问哪个人才会为这样的老板效力?

还有的企业家,对员工提出的建议一概不予采纳,对员工的首创精神不尊重、不鼓励,这怎么能够调动员工的积极性呢?

其实,每一个员工都是独一无二的,每一个员工的身上都蕴藏着潜能与智慧,只要企业领导者善于去发展、挖掘、培养、爱护并合理使用,他们都可成为有用之才,都能为企业做出应有的贡献。

优秀的企业,无一不像海尔一样把人才看得比一切都重要。例如,米其林公司把员工当做公司的伙伴,每个员工无论职位高低,都会有一位职业生涯经理跟踪他的发展;微软对待人才,无论对方是大师级的人才,还是应届大学毕业生,或是已离开公司的人,都有专门的人进行追踪和挖掘;万科公司以铸就"卓越职业生涯"为口号,凭借其强大的企业魅力,吸引了大批优秀人才的加盟。

无数事实说明,谁拥有了优秀的人才,谁就拿到了成功之路的通行证。

☆克莱斯勒——把最合适的人放在最合适的位置上

人才效果

有些人出差或者外出旅游,喜欢带上一个旅行杯,杯子里灌上开水,以便随时解渴。有经验的人都知道,旅行杯的盖子一定要盖好、拧到位,否则杯里的水就会渗漏出来。没拧到位的杯子放在包里,容易弄脏弄湿包里的东西,如果拿在手上,一不小心就容易弄湿衣服和座位。旅行杯的盖子要是拧不到位,就等于没盖盖子。企业选人用人也是同样的道理。一个人才如果没有把他放在合适的位置上,他的工作就很难做好,达不到预期的效果,因为他的潜能和作用得不到充分的发挥。人才还会因此而心生不满。

经典案例

艾柯卡在进克莱斯勒的时候,随身带了他在福特公司时保存的一些资料。资料上记载了几百名福特高级负责人的简历。艾柯卡上任后,发现克莱斯勒急需第一流的财务管理人员,便立刻想到了福特的那些人,他从资料上找到了杰勒德·格林沃尔德的名字。

格林沃尔德是那种能够迅速分析问题、进而行动起来解决问题的天才企业家。艾柯卡跟他交谈过很多次,对他的才能很赏识。在福特时,艾柯卡曾派他到巴黎去接手里希埃公司,后来又派他到委内瑞拉福特分公司去执行任务。在完成这两项任务的过程中,格林沃尔德显示了他出色的业务才能。他显然不只是一个算账的能手。

艾柯卡最终说服格林沃尔德来到克莱斯勒工作,他要求格林沃尔德为克莱斯勒建立一套完善的财务管理制度。格林沃尔德不负艾柯卡的重托,他通过建立健全规章制度,严格财务制度管理,很快使克莱斯勒的财务工作变得井然有序。不到两年,他就成为克莱斯勒公司的第二把手。

格林沃尔德后来让史蒂夫·米勒代替他的工作。米勒在委内瑞拉时是格林沃尔德手下的主要财会人员。他后来成为克莱斯勒公司财务的主要负责人。1980～1981年,在克莱斯勒公司和几百家银行进行的那些仿佛没完没了的谈判中,米勒起到了重要的作用。不论是他还是格林沃尔德,都设法沉着、冷静地帮助克莱斯勒度过了那段最困难的时期。

在艾柯卡的新团队里,哈尔·施佩利希在艾柯卡到达克莱斯勒之前就在克莱斯勒工作,他非常清楚克莱斯勒的实际情况有多糟,也只有他真正知道资产负债表上的关键问题所在,懂得怎样利用现金记录。艾柯卡

很快就把施佩利希提升为负责生产计划的副总裁,不久又让他负责整个北美的业务。但是,艾柯卡知道,尽管格林沃尔德和施佩利希是令人叹服的专家能手,并不能形成一个团队,他还需要更多的助手。

艾柯卡想起了加尔·劳克斯。劳克斯在福特公司做过推销和销售工作。"野马"汽车上市的时候,他是福特部的销售经理。他还担任过艾柯卡的林肯默寇利部的总经理。劳克斯后来离开福特去当达拉斯商会的会长,没有多少年,他又成为北卡罗来纳州经销"卡迪拉克"车的阿诺德·帕尔默公司的合伙人。艾柯卡所感兴趣的不只是劳克斯的经历,还有他的个性,他是那种人人喜欢同他一起出去、一起喝酒,对他讲知心话的人。艾柯卡相信在和经销商建立良好的关系方面,劳克斯会是一位杰出的人才。果然,劳克斯进入克莱斯勒后,公司与经销商之间不再充满谩骂和诘难,彼此都开始倾听对方的话,劳克斯在这个岗位上工作得非常出色。艾柯卡本来还保留着他在北卡罗来纳州的业务,但后来劳克斯改变了主意,答应留下来待上两三年。

艾柯卡重组团队时,还注意充分利用克莱斯勒原有的人才,史蒂夫·沙夫是克莱斯勒原来的人员,但多年被埋没在底层,直到艾柯卡来到后方给他挑了新的担子,他成为整个制造方面的主要负责人。迪克·道赫是在通用公司和大众汽车公司工作之后进入克莱斯勒的,他为克莱斯勒继续从他曾供过职的那两个公司里引进了15名高级人员。至此,艾柯卡把他所了解的在福特公司销售、财务和采购部门的人才都请了过来,而在制造优质汽车方面,他找到了通用公司和大众汽车公司的最优秀人才,从而形成了一个成员强强结合、优势互补的团队。

就是这样一支高效的强大团队,把克莱斯勒的惨淡局面迅速扭转过来。

密码透析

一个人的才能能否得到充分发挥,不是由他自身决定的,而是由选用他的人决定的,就是说,看这个选用的人能否将他放在合适的位置上。现实中不乏这样的例子,一个看似才能不怎么突出的人,换个环境就前后判若两人了。所以对于工作岗位不适合的人,要大胆调整,把他放到合适的

第六章 人才观：赢得人才才能赢得未来

位置上。术业有专攻。是人才，都有自己的性格特征与能力专长。企业管理者最该做的，就是发现员工的优长，并为其提供施展才能的舞台。只有这样，才能做到人尽其才、才尽其用，充分发挥人力资源的效能，促进企业大发展。

海尔集团有一个非常独特的人力资源管理理念，叫做"赛马不相马"。即给每一位员工创造一个发挥才能的机会和公平竞争的环境，建立竞争机制，让能者上、庸者下。为贯彻这一理念，海尔集团建立了一套完整的人才培养、选拔、使用制度。张瑞敏说得很形象："你能翻多大的跟头，我就给你搭多大的舞台。""赛马场上挑骏马"，竞争上岗选人才，实行管理人员公开招聘，真正将合适的人安排在合适的位置上。这就是海尔的用人机制。

好的用人机制能更大地发挥员工的积极性，好的领导能更好地发挥出组织的最大效用。

投资大师沃伦·巴菲特76岁时还在领导着一个平均年龄77岁的高层管理团队。在管理团队年轻化的浪潮席卷全球的时候，巴菲特却很自豪。他领导的团队那时已经有6个总裁超过75岁，再过4年至少增加到8个。巴菲特一点也不为他的高龄团队难堪，他说："教小狗学会老狗的本领不是一件很容易的事。"巴菲特认为他的团队是深奥冷峻的智慧与乡巴佬的幽默完美组合，他确信，"老狗"比"小狗"有更多的智慧和力量。巴菲特喜欢简朴的处世之道，尽量规避复杂。他对那些内在逻辑合理的事物怀有深深的敬意。他根据他这个高龄团队每个人的特长，给他们分配合适的工作。他用很直白的语言表述自己的管理哲学："自己怎样挥舞棒球并不重要，重要的是场上有人能将棒球挥动得恰到好处。"他高度评价他的团队："伯克希尔的总裁们是管理艺术的天才，而且他们像经营自己的产业一样用心经营伯克希尔。我的工作是别挡着他们的路，别妨碍他们的工作，找合适的位置给他们，然后就等着去分配他们所挣回来的收入。这是一件很愉快的事。"巴菲特的团队成员，尽管年龄很大，但由于巴菲特能"找合适的位置给他们"，所以他们的特长和优势同样得到了充分发挥。

在科技竞争、人才竞争愈演愈烈的当今社会，使用人才讲求各尽所

长，发挥他们的最大优势，并且组成优质的团队。因此，每一位领导者，都应该学会扬长避短的用人艺术，将最合适的人放在最合适的位置上，使人才的智慧放射出绚丽的光芒。

☆松下电器——职位要与人才"门当户对"

人才效果

很多企业在招聘的时候，往往追求那些毕业于名牌大学，或经过国际著名公司的熏陶，或有着诱人的工作经历的人，以为那就是有用人才了。殊不知，即使他们都很优秀，也不一定适合于你的企业。能够在有序的环境里发挥自如的优秀人才，一旦进入一个无序的复杂状态，往往就会显得束手无策、不知所措。众多的"空降兵"之所以败阵而归，"门不当户不对"是其重要原因。

一个明智的企业在物色、挑选人才时，应该把重心放在"门当户对"这个基本点上。这一点松下做得一直很突出。

经典案例

1918年，松下幸之助开始成立公司做生意。当时公司的规模很小，松下幸之助对雇用的人员要求很低，因为他知道，一般在学校名列前茅的优秀学生是不会到松下电器公司来的；即便有愿意来的公司也没有合适的工作给他们做。因此，在松下店里工作的人，能力水平一般。

直到1927年，松下才第一次雇用了两名从专业学校毕业出来的学生。用现在的用人眼光来看，这简直有些不可思议。但松下幸之助却不管这些，他认为，企业雇用的人才必须适合工作的需求，这样才能把生意做起来，否则人才在他的工作岗位上不能尽其所能，这不仅对人才是一种浪费，对公司更是一种损失。因此，后来不管松下公司属下的哪一家分公司或事业部，都寻求适合自己实际需要的人才，绝不会去干那种找一个本科生来做打字员的蠢事。

松下是一个非常精明的人,凡事看得很远,想得很多。他认为,雇用太优秀的人有时会产生太多麻烦。当然,不可否认,优秀人才也是勤快的工作者,但大都会对过于简单的工作产生抱怨:"这么无聊的工作,一点乐趣也没有。"但如果聘用不那么优秀但能胜任工作的人,情形就会大不一样了:由于他们认为自己很普通,所以会对公司能聘用他们而心存感激;因为对自己担任的职务和工作环境很满意,所以他们大都会努力工作。

松下认为,世上没有十分圆满的事情,只要公司能雇到70分的中等人才,说不定反而是公司的福气,何必一定要去找100分的人才呢?

密码透析

中国人恋爱、结婚都讲究门当户对,所谓郎才女貌、才子佳人。门当户对理论是有一定道理的。只有身份相当的人才会有共同的话题、相同的志趣,从而在未来的相处过程中有共同的爱好,这样才能维持持久的感情。

企业与人才也要门当户对。一是双方价值观的匹配,即在思想观念、文化取向、行为方式、做事风格等方面相互认同;二是人才与岗位的匹配,即避免大材小用或小材大用。门当户对有助于保证企业与人才之间能顺畅地合作下去。

美国加利福尼亚大学的学者做了一个实验:把6只猴子分别关在空房间里,每间两只,房子里分别放着一定数量的食物,但放的高度不一样。第一间的食物就放在地上,第二间的食物从易到难挂在不同高度的位置上,第三间的食物悬挂在房顶。数日后,他们发现第一间房子里的两只猴子一死一伤,伤的缺了耳朵、断了腿,也奄奄一息;第三间房子里的两只猴子都死了;只有第二间房子里的两只猴子活得好好的。

为什么会产生如此不同的结局呢?原来,第一间房子里的两只猴子一进房间就发现了放在地上的食物,于是为了争夺唾手可得的食物而大动干戈,结果是一死一伤;第三间房子里的猴子虽然做了努力,但是食物挂得太高,难度过大,够不着就活活饿死了;第二间房子里的猴子先是凭着自己的本能跳着取食物,然后在房间跑对角线增加助跑并通过协作继

续取得食物,所以能很好地活了下来。

如果人才与岗位不能门当户对往往会出现两种情况:一是岗位难度过低,人人都能在这个岗位干,体现不出每个人的能力与水平,反倒出现内耗式的位子争斗,其结果就犹如第一间房子里的两只猴子;二是岗位难度过高,虽努力但仍力所不能及,也不能真实反映出每个人的能力与水平,甚至埋没、抹杀了人才,这犹如第三间房子里的猴子的命运。

德国吉恩鲍姆人事咨询公司的一份研究报告指出,所谓最优秀的高素质人才的失败往往不在于其缺乏专业知识或者国际经验,而是苛求、自我评价过高和难以适应环境。

受困于发展瓶颈的老板们,挖空心思到外面去"挖人",这没有错。但要注意一个问题,看起来很优秀的人,并不一定适用。正如《从优秀到卓越》一书中所说:"从公司之外请来的被奉若神明的名人做领导,往往对公司从优秀到卓越的跨越过程起到了消极的作用。"

因此,只有人才与岗位门当户对,才能发挥人才的能动性和智慧,真正体现出人才的能力与水平。这好比是通往目的地有许多通道,有的是土路,有的是柏油路,有的是高速路,有的是弯曲的山路,公司需要让在每条路上的车都能开到目的地,要让每条路上的司机都是最熟悉那种路况的好手。如果你在这条路上不适应,你也许适合走别的道路。把人才分配到合适的岗位上,这是企业领导者的重要职责。

☆摩根大通——敢用比自己强的人,企业才能成为巨人

人才效果

摩根有一句名言:每个人要是永远任用比自己水平差的人,那么我们的公司将会变成小矮人;如果我们每个人都用比自己能力强的人,那么我们的公司将会成为高大的巨人。换句话说,只有一流人才,才能成就一流

第六章

企业。而要想企业成为一流,就要学会用比自己强的人。

经典案例

华尔街的大富豪摩根的最大爱好是发现人才、任用人才。他同时也是一位敢用强过自己的人作为左膀右臂的典范。

巴尔的摩——俄亥俄铁路由于赤字而濒临破产,摩根开始接管公司的主要财产。不久,摩根就发现了公司里有一个特别能干的人才,他就是比摩根小10岁的萨缪尔·斯宾塞。

在南方土生土长的斯宾塞,精明强干。在南北战争时期,他曾是南军的骑兵。战争结束后,斯宾塞在佐治亚大学攻读工程学。毕业以后,他进入了巴尔的摩——俄亥俄铁路。由于他非凡的才能,不久就担任了总裁室的特别助理,此后平步青云,直到被提升为副总裁。

斯宾塞的经营与管理才能,让摩根觉得他在某些方面甚至超过了自己。对于求才若渴的摩根来说,他绝不会放过任何一个才华出众的人才,于是他很快就提升斯宾塞为总裁。而斯宾塞也没有辜负摩根的厚望,顺利地偿还了800万美元的债务,此后便成为摩根的左膀右臂之一。

摩根的另一位亲信参谋查理斯·柯士达年纪更轻,比斯宾塞还小5岁,他是在华普利与摩根共组辛迪加投资银行的时候被摩根用挖墙脚的方式挖过来的。独立战争前,柯士达的祖先就以纽约为生意据点,经营西印度群岛的砂糖、咖啡及兰姆酒的贸易行业。在柯士达的血液里继承着祖先在经营上的优良传统。柯士达是个工作勤奋、敬业而忠诚的人。他每天早晨6点左右就出门上班,一直工作到深夜,甚至还要将文件带回家加班。柯士达的过人之处在于花较少的钱、赚回最大的利润。他因此而得到摩根的赏识和重用。而柯士达也为贯彻实施摩根的决策竭尽全力。当他接到摩根发出的"铁路摩根化"的命令后,前后花了一个月的时间,去调查这条铁路。为了把情况调查清楚,柯士达不仅乘火车观察,有时还静坐在列车正飞驰而过的铁道旁,仔细查看枕木与铁轨的状态,甚至还亲自开动火车头试一试。

可以说,"铁路摩根化"的成功,柯士达功不可没。

133

成功企业的密码

密码透析

把企业做大做强恐怕是每一个企业家所梦寐以求的,但并不是每个企业家都能深刻认识到杰出的人才对企业生存与发展的巨大作用。在企业构成诸因素中,人才因素是最重要的因素。企业要靠人才提供的成果才能生存和发展。所以,如果你要造就一个强大的企业,那么你就要先打造强大的员工队伍,其中最关键的一条,就是你要敢于用比你强的人。

任用比自己强的人才,需要的不仅仅是勇气,还需要自信,相信自己能够驾驭比自己更能干的人才。但是,在现实中,一些企业领导者虽有爱才之心,但却给自己规定了一个上限,就是不用能力超过自己的人才,尤其是在选用下属时更是如此。在他们心目中,比自己强的下属总是锋芒毕露、桀骜不驯,难以驾驭,甚至会对自己的地位构成威胁。如此层层效法,优秀人才被排斥,整个系统成了庸才队伍。作为一个企业家应该明白,企业的生存与发展,并不是靠雄厚的资金与先进的设备就可以解决问题的,拥有众多优秀的人才才是企业发展的根本。

钢铁大王卡耐基曾经说过:"把我的厂房、机器、资金全部拿走,只要留下我的人,四年以后我又是一个钢铁大王。"他的成功在于用人,用比他强的人。号称钢铁大王的卡耐基,对钢铁生产并不是很在行,但是他能驾驭那些精通钢铁生产技术与管理的优秀人才,这就是他的成功之道。综观那些成功的企业,它们都有一个共同点,那就是千方百计吸纳、聚集有天赋的各领域的顶尖人才。

其实,高明的企业家都懂得,重用比自己优秀的人才,才能建立起一支高素质的员工队伍,才能推动企业不断发展与创新。反之,如果不能任用比自己强的人才,那么上行下效,层层如此,最终只能组成一支平庸的员工队伍,这样的队伍怎么能使企业兴旺起来呢?

所以,一个企业领导者,若想把自己的企业变成巨人,就要敢于重用比自己优秀的人才。

☆福特——用人不在于如何去减少人的弱点,而在于如何发挥他的长处

人才效果

美国著名管理学家杜拉克指出:"有效的管理者择人和升迁,都以一个人能做什么为基础。所以,我的用人决策,不在于如何减少人的短处,而在于如何发挥人的长处。"世界上不存在没有缺点的人,领导者用人的要诀之一,就是如何发挥人的长处。而不是寻找十全十美的"完人"。如果不能见人之长,用人之长,而是念念不忘其短,势必会产生歧视人、压制人的现象。

经典案例

福特公司的成功,与其领导人福特善于用人是分不开的。福特广泛招揽人才,并善于根据每个人的实际情况,用其优点,避其缺点,让他们在工作中充分发挥自己的特长。公司因此而生机勃勃、充满活力。

库兹恩斯负责福特汽车的销售工作,他是一个优点和缺点都很突出的人。

他的优点是聪明能干、善于交际、处事果断,对汽车业的经营有着丰富的阅历和经验。他的缺点是虚荣、自私、性情粗暴。旧主不识良骥,所以他一直得不到重用。福特眼光高人一等,知道用其所长,委以重任,视其为自己的左膀右臂。库兹恩斯也知恩图报,他独创了一种推销方式,轻而易举地在各地建立了经销点,为福特汽车王国的建立立下了汗马功劳。

能工巧匠埃姆加入福特,使福特公司如虎添翼。

埃姆不仅技艺精湛,而且善于调兵遣将。俗话说,强将手下无弱兵,在埃姆的身边聚集了一大批能人。最突出的要数公司的采购员摩根那,他被誉为公司的"外部眼睛"。他有一种天赋的鉴赏机器设备的能力,只要到同行竞争对手的供应场上看一遍,就能发现哪些是新的设备,然后回

成功企业的密码

来向埃姆描述一番,过不了多久,仿制或加以改进的新机器便在福特汽车厂里出现了。"探子"芬德雷特则专门跑本公司以外的部件供应厂,估算人家的生产成本。一旦判断出哪种产品要价会高,他就要福特厂马上取消同那家部件供应厂的订货,然后埃姆会根据他的描述制造新的设备,自行生产。"检验员"韦德罗更是一位精明强干的机器设备检验专家,他专门负责向埃姆汇报新安装的自动机床试车情况。

拥有这些得力助手的埃姆,对福特公司的贡献就更大了。埃姆发明的新式自动专用机床,其中的自动多维钢钻,可以从四个方向加工,同时在汽缸缸体上钻出45个孔,当时世界上任何机床公司都未能提供这样先进的设备。

埃姆被公认为在汽车工业革命方面贡献最大的人。

福特同威利斯和哈夫的合作成就了他梦寐以求的T型汽车,而广告设计师佩尔蒂埃则在保证T型汽车的畅销方面功劳卓著;改革装配技术、工序,建立世界第一流汽车流水装配线,弗兰德斯和三位青年经理——索伦森、马丁和努森功不可没。

正是拥有了这样一批能干的人才,福特公司的生产面貌焕然一新。

到1913年,福特车的代销点遍布全美国。福特生产车间以每3分钟的速度出产一辆车,都无法满足消费者的需求。福特公司所属汽车厂也在这样的压力下创造了每分钟生产一辆汽车的记录,后来甚至创造了10秒钟出一辆汽车的世界纪录。当时的同行对它的业绩只能是望尘莫及。

密码透析

管理者要用人之所长,首先面临的问题就是如何择人。有效的管理者在任用和提升人时,是以一个人能做什么为基础,用人的基本原则是用人所长,也就是根据人的特点和长处合理使用,扬长避短,人尽其才。

美国南北战争时,林肯总统曾任命格兰特将军为总司令。这项任命,出人意料,当时曾有人劝告林肯,说此人贪酒,难当重任。但这动摇不了林肯的决心,他当然知道酗酒可能会误事,可他更了解北方军中,能够运筹帷幄、决胜千里的只有格兰特将军。后来的事实证明,正是这项任命,成为北方军赢得这场战争的转折点。

企业员工，人人各有所长，也各有所短。有的人精于计算，对技术却不甚了解；有的人埋头钻研，对其他事情却不愿过问。企业管理者若能合理组织人，善于用人之所长，工作自然会得心应手。当然，用人的时候，要对所用之人有一个正确的态度，即注重看长处，不在短处上纠缠，因为对你有用的是他的长处，而不是他的短处。应该像林肯那样，虽知格兰特之短，但不求其全，而是用其长，而不要像劝说者那样，过分看重格兰特的短处，以短弃长，求全责备。

很多企业领导人整天嚷着缺人才，其实不是缺人才，而是缺"用人所长，容其所短"的意识和胸怀。你只要有了这种意识和胸怀，人才就站在你的面前。

第七章　创新观：
研发是自我提升的利器

　　这个社会每天都在变化,任何一个最新的产品,过上一两年就变成老款了,就落伍了。作为厂家,如果仍然不去开发新产品,那么本来领先的你也不得不在夹缝中生存了。这已经成了一种普遍性的事实。摆脱此窘境的最佳方式就是创新。

第七章

创新观：研发是自我提升的利器

☆海尔——不创新是最大的冒险

创新效果

10年前,有位家电行业的企业家作了这样一个预言:在未来10年的中国家电市场上,能与中国家电业中最强的企业进行竞争的不是中国的同行,而是那些在中国设厂的跨国公司。

此言一出,舆论哗然。

有的企业家一听就笑了:"说得太玄了,即使那样,也不知是多少年以后的事了!"

有的企业家一听就恼怒了:"这不是低估咱中国家电企业的竞争力吗?"

10年过去了,这位企业家的预言变成了现实。10年前听此预言无论是笑还是恼的企业家们,他们的企业绝大多数已经易主,使人有一种"人面不知何处去,桃花依旧笑春风"的惆怅感。而中国的家电市场上,果真只剩下了为数不多的几家企业。跨国公司在中国设厂生产的产品,已经进入了寻常百姓家。

经典案例

作此预言的那位企业家鲜明地提出了自己的行动纲领:与狼共舞。他深知,"狼"很快就要来了,目前最重要的就是强身健体,增强与强者竞争的实力。他领导自己的企业施行多元化、国际化和流程再造,尽管每一步都受到了质疑,但每一步都对企业的发展壮大起到了促进作用。

他就是海尔集团CEO张瑞敏。

早在2005年召开的第14届中外管理官产学峰会上,张瑞敏就坦言:"随着海尔国际化发展进程越来越快,我们在国外已有30多个生产基地,我们自己的感觉是越来越不会做企业了,原来许多成功的发展模式现在都不好用了。"他正是凭着这种对外部环境迅速变化的敏锐观察力,准确

地把握市场脉搏，及时调整经营战略，锐意改革创新，使海尔顺利地融入了世界经济大潮之中。

这种经历其实戴尔也曾经有过。在过去的十几年里，戴尔打破了全球公司成长的纪录，从零开始进入到全球企业500强之列，凭着不断创新和零式供应链打造了快速增长的戴尔模式。然而，戴尔很快就惊恐地发现，面对新的环境，自己突然不会干了。这缘于它在快速成长中没学会一个百年大公司应具备的基本功。就如同以前漫天都是麻雀，胡乱放一枪也能击中；现在很多人和你抢着打为数不多的麻雀，没有过硬的基本功根本不行。于是，戴尔开始苦练基本功：为顾客创造价值；准确找出自己可以贴身服务的客户群……甚至采用400种从不同角度分析损益表的方法，来了解公司各个细部的经营状态。戴尔的成功就在于能够适应变化，持续创新。

密码透析

一些企业在无忧无虑过了几年辉煌日子之后，突然发现自己已经被来自地球遥远一端的企业所替代。犹如自己驾驶的一艘航船，被别人霸占，自己被赶下了船，好不容易才找到一只小舢板，但仅侥幸片刻，便发现这只小舢板也在漏水，此时周围云水茫茫，呼救无门。这就是缺乏创新的后果。当然，创新不是一个口号，它需要人们去行动。

中国移动曾长期满足于自己的"全球通"业务，而当联通也开始进入市场"抢食"时，它有了危机感，于是相继推出了"神州行"、"动感地带"和更细分的"校园卡"业务，终于化险为夷。

当TCL进入手机行业后，它发现自己在摩托罗拉、诺基亚面前，只有低头聆听人家教诲的份儿。于是它创造了"宝石手机"这一独到的新产品来完成自己的"处女秀"，并取得了巨大的成功。

一个品牌，需要不断更新才能永葆青春。没有新产品，品牌就会趋于老化。推出新产品是改变行业竞争格局，摆脱竞争对手的一个"秘方"。

中国市场已完全融入国际市场的大环境之中，各个行业世界级巨头的加入，加之不少企业为了获得规模优势纷纷扩充产能，导致产能相对过剩、同质化，"肉少狼多"，空间于是越来越狭窄，使得竞争趋于白热化。在这种情况下，唯一的出路就是创新。

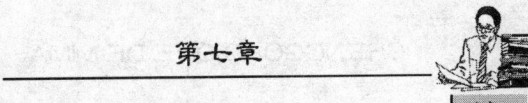

当然，创新并不是盲目地瞎闯，创新必须符合市场的走向。因为任何创新都必须先要具有一定的市场潜力才会有利润，无视市场的任何做法，最终只能是"肉包子打狗，有去无回"，损失惨重。华为老总任正非说得好，技术人员不要对技术宗教般崇拜，要做工程商人。你的技术是用来卖钱的，能卖出去的技术才有价值。所以，在创新之前，一定要做好市场调研，由于市场变化莫测，还要做好各种应变的准备。这样才能降低创新的风险，使自己的企业走在别人的前面，成为引导者。

☆杜邦——当以前的优势不存在的时候，就要果断地放弃

创新效果

没有永远的成功者，也没有永远的失败者，企业家在经营过程中要根据环境的变化，及时调整战略，舍得放弃曾经给企业带来成功但显然已经不合时宜的旧优势。一种优势若与当前的环境不相适应，那就不再是优势了。此时如果经营者还自认为自己占据优势的话，其结果只能是一败涂地。

杜邦过去的优势是做军火，但在和平年代，这一优势显然不合时宜。杜邦的持续发展，正是因为它放弃了旧的优势，找到了新的优势。

经典案例

杜邦公司在世界经营史上不能不算是奇迹，而创造这个奇迹固然与生产军火有关，但更与他们的"金蝉脱壳"有关。杜邦家族对这一招的巧妙运用才是真正令杜邦公司长盛不衰的法宝。

杜邦家族在战争期间的确依靠经营军火积累了巨额财富，故此名声不好。

第一次世界大战刚刚结束时，杜邦家族被称为"死亡贩子"，而杜邦也成了美国人民最憎恶的名字。可以想象，声誉糟糕到如此地步的公司经

成功企业的密码

营起来会是多么的艰难！

然而，杜邦公司并没有就此垮掉，反而在短短的20年间，让世人淡忘了其"军火大王"的头衔，而给人以另一种印象：杜邦是一个化学工业帝国。早在一战还未结束的时候，杜邦公司的总裁皮埃尔就已意识到这场战争迟早会结束，杜邦公司该如何发展下去，已经到了必须作出重大决策的时候了。

最直接的出路便是转产，可转产干什么最有前途呢？皮埃尔仔细思考之后毅然决定：要把杜邦公司创建成一个世界性的化学工业帝国。

皮埃尔的这一决策不仅顺应了历史的大趋势，而且选择的突破口也颇为巧妙。当时的美国工商业竞争非常激烈，各大财阀割地而据，各自抢占了属于自己的领域，只有化学工业依然薄弱——财阀们尚未觉察到化学工业会比投资证券、钢铁、汽车之类的工业更赚钱。

杜邦之所以选择化学工业，是因为它要形成垄断阻力最小。其次，化学工业的所有原料都是制造军火所必需的，一旦新的战争爆发，再转产继续搞军火十分方便，而且可以最大限度地减少损失。

事实上，第二次世界大战刚刚爆发，杜邦公司一夜之间便召集了300名火药专家，将庞大的杜邦化学工业帝国迅速地改造成了全世界最大的军工厂，从而创造出又一个奇迹。此乃后话。

皮埃尔的决策一定，便立即付诸行动。

公司成立了新的发展部，于1915年买下了制造清漆、火棉塑料、搪瓷的阿林顿公司；1916年买下了费尔菲橡胶公司；1917年买下了制造染料、油漆、清漆和重大化学产品的哈里森公司。以后又盘活了另外5家化学公司，至此杜邦化工帝国已初具雏形。

不久，杜邦集团又推出了用途极为广泛的新产品——尼龙。

当尼龙袜子第一次在世界博览会出现时，立刻引起了全世界的轰动。从这一年开始，尼龙制品像军火一样为杜邦家族创造了巨额财富，也正是从这一年开始，整个棉纺织业开始衰落……

密码透析

不难设想，如果杜邦公司没有适时地从军火生产的旧壳中走出来，及

142

时改变经营方向,当战争结束后它的处境会怎样——即使它能依靠从战争中赚取的利润维持下去,势必也会被全世界憎恶战争的人们所唾弃。

历史经验证明,行业拐点、技术升级、社会突变,都会导致市场发生剧烈变化,这是最能考验老牌企业的时刻。因为老牌企业是靠一些旧优势取得成功的,并且是现有市场的既得利益者,它们并不想改变现状。更何况有的要从一个自己已经取得霸主地位的行业中跳出,去一个全新的行业开辟全新的市场,这需要极大的勇气和一定的冒险精神。

可是往往就在局势已经发生变化,而那些老牌企业仍凭经验办事、固守模式、不思创新的时候,颠覆者的机会来了!

万和跟万家乐的一起一落最能说明这个问题。

当中国燃气热水器市场"神州"、"万家乐"二雄厮杀得难解难分时,与万家乐同处广东顺德的万和创始人卢氏三兄弟还在创业初期,正在幕后为万家乐做热水器配件。在做配件的过程中,万和看准了市场空间,成功研究出新一代技术,并向万家乐推荐,结果却遭到对方拒绝。万和猛醒,为什么总是为人作嫁,何不自己上马走到前台。于是,万和发明了中国第一台超薄型水控式全自动燃气热水器,引领中国热水器进入了"水阀一开、热水即来"的时代,当年被列为"国家星火计划"项目,引发"二万"之争。

后来,万和相继发明了第一台微电脑控制强排热水器、第一台强制给排气热水器、第一台冷凝式热水器等。十多年来,万和燃气热水器已10次填补国内技术空白。万和作为后起之秀,一进入国内燃气灶市场即获得了快速发展,连续6年蝉联国内市场销量第一,将"老东家"万家乐抛在了后面。与其说是万和颠覆了万家乐,不如说是万家乐的迟钝和僵化葬送了自己。

凭借燃气热水器积累的雄厚实力,万和在业内首创"三环精控"、"内燃火"燃气灶,2007年9月获"中国名牌产品"称号,连续两年燃气热水器、燃气灶海外出口量双双位列国内第一,一举冲入世界燃气具业产销量前三甲,实现了"中国燃气具领导者,世界燃气具制造中心"的宏伟目标。

领先的企业会老化,这或许是一种必然;曾经风光一时的业务模式也

会老化,这是时代发展、商业环境变化的结果。这两种"老化"肯定会发生。新兴企业既没有领先型企业的辉煌,也没有领先企业身上背着的无数次成功的包袱,它们可以轻装前进,只要把准方向,合着时代前进的节拍,完全能够超越领先的企业。

美国的一位记者在采访张瑞敏时问:"您在自己的职业生涯中作出过成百上千个决策,您认为在执掌海尔的20多年历程中,最困难的决策是哪个?"张瑞敏回答:"我认为最难作的决策是'下一个'决策,即'正确决策后的再决策'。市场变化很快,你今天作出正确的决策,等企业发展之后,往往会被自己的'正确'思维束缚住,下一次还用这种思维,便有可能失败。"

事实证明,企业的过去是不能复制到未来的,如果因循守旧、停滞不前,那么等待它的将是不可避免的衰败与消亡。也就是说,新兴企业获得的机会和成功往往更多一些,因为他们没有什么可失去的,他们一心向前,追求着成功;反而是一些老企业,不懂放弃自己的旧优势,很容易就会被后来者颠覆。

☆皮尔·卡丹——领先竞争对手一步,利润就超越对手一大截

创新效果

两个人去爬山游玩,突然发现一只老虎往他们的方向跑来,这时其中一人赶快换上跑鞋,而另一人不解地问:"你换上跑鞋有什么用?"那个人说:"我跑不过那只老虎,但只要跑得比你快就行!"

这个故事听起来有些"残酷",令人不寒而栗。但它却告诉我们一个道理:在当今这超竞争的时代,很多时候不是"大鱼吃小鱼",而是"快鱼吃慢鱼",你在观念上、技术上领先别人一步,你就能击败别人。

经典案例

皮尔·卡丹这一世界著名品牌,诞生于20世纪50年代。

第七章

创新观：研发是自我提升的利器

在那个年代的巴黎，一个叫皮尔·卡丹的青年租了一间简陋的门面，挂上了"皮尔·卡丹时装店"的牌子，开始了他的服装大师之旅。

这个时代的巴黎青年，追求独特的个性，喜欢张扬。皮尔·卡丹大胆设计了时代感强烈的"P"字牌服装——图纹对比和谐，宽窄长短相宜，生气勃勃，豪放洒脱，体现舒适、飘逸、挺拔和古朴典雅的风格。"P"字牌服装赢得了挑剔的巴黎顾客，尤其演艺界名流、社会上层人士、达官显贵等争相前来订制。

法国是世界时装中心。20世纪60年代以来，卡丹一直是法国时装界的"先锋"派代表人物。他的时装，追求创新，式样新颖，色彩鲜明，线条清楚，可塑感强，再加上做工精细、质地华贵，因而得以独领风骚。

对于创新，皮尔·卡丹风趣地说："我已经被人骂惯了。我的每一次创新，都被人们抨击得体无完肤。但是，骂我的人，接着就做我所做的东西……我是冒险家，我制造报纸第一版新闻已经不是一次，事实证明我成功了。"然而，如何将法国服装文化乃至整个法兰西文化传遍全世界？

皮尔·卡丹的思考最后定格在"让高雅大众化"的经营战略上。

他的经营理念是：时代不同了，明星制的模式必将走向死亡，现在是迎接"大众化时装时代"到来的时候了。

1961年，皮尔·卡丹首次设计并批量生产流行服装，一举获得成功。此后，他连连推出各种式样、不同规格的流行成衣产品，常常供不应求。皮尔·卡丹不断地扩大公司规模，以顺应大众化市场的需要。

20世纪70年代末，皮尔·卡丹设计的一种宽条法兰绒上衣，风靡法国、美国，使巴黎、纽约的"绅士们"为之倾倒，如醉如痴。他立刻将其批量加工，投放"大众化"市场。皮尔·卡丹就是这样，一面设计出高雅的、领导潮流的新颖时装，一面将其投入大批量生产，占领最广泛的市场。

在十多年时间里，皮尔·卡丹设计的许多时装，都被推举为最创新、最美丽和最优雅的代表作，并3次获得法国时装的最高荣誉奖——"金顶针奖"。而这些获奖杰作，大多进入他那遍布世界的"皮尔·卡丹时装店"。

皮尔·卡丹看到世界各地都有人模仿、抄袭他的时装作品，知道难以

防止,他干脆就宣布,可以把设计方案卖给厂家生产,可以把他的商标转让给经营者,有意合作的厂商可以使用"皮尔·卡丹"商标,但都必须付7%~10%的转让费。尽管转让费高了些,可厂商还是纷至沓来。美国有一个叫图林的商人用了皮尔·卡丹的商标,一年可以多赚2000多万美元,如果不用"皮尔·卡丹"商标,产品几乎卖不出去。

密码透析

在相当长的一段时间内,企业界人士总爱用"大鱼吃小鱼"来形容市场竞争的残酷性,并似乎形成了共识。然而,这种说法现在悄然有了改变。在当今这个超竞争的时代,市场瞬息万变,思维迟钝、行动缓慢的"大鱼"未必吃得了思维敏锐、动作迅速的"小鱼",相反倒是出现了"快鱼吃慢鱼"的现象。因为大企业容易凭经验办事,固守旧模式,对市场的变化和发展趋势不敏感,即使想改变战略,另辟蹊径,也因船大而不好调头;相反,那些优秀的小企业,反应敏捷,行动迅速,一旦拥有一流的人才与最新的技术,就会变成一只只"快鱼",让那些"大鱼"感到恐慌。

皮尔·卡丹的成功,就在于他善于把自己变成快鱼,就是说,他不但勇于创新,而且在创新过程中,思想领先一步,决策领先一步,行动领先一步,所以他就能抢先占领市场,就能获得比别人高得多的利润。当然,现在的皮尔·卡丹既是快鱼又是大鱼了。

当我们没有资本做一条大鱼的时候,去做一条快鱼也很不错。

☆英特尔——不能只去赶时髦,而要去制造时髦让别人追赶

创新效果

在企业界,常常出现这样的现象:某家企业获得了阶段性的成功,获得了一些竞争优势,就会招来大批竞争对手模仿跟进,结果在实力强于自己的竞争对手的进攻下节节败退,无法维持往日的成功。而你要想去跟

人一起去赶时髦,只怕越赶越失掉自我,最终被市场所抛弃。最好的解决办法,就是自己制造时髦,让别人去追赶,就是说,要持续创新,使自己具有独一无二的优势,让竞争对手仿不胜仿,永远望尘莫及。

经典案例

英特尔公司有一个响亮的口号:"勇往直前闯过去!绝不能裹足不前或半途而废。"

从20世纪80年代后期起,英特尔公司凭借其独树一帜的经营理念,在业务上获得了突飞猛进的发展,并领先于同行业的诸多企业。

英特尔公司近10年业绩显著,其现有资产逾200亿美元。为此,英特尔的决策者对公司的发展前景充满信心。他们在工作中坚持这样一项原则:对未来10年进行预测,对过去10年进行总结。为了确保自己在竞争中占优势,公司十分重视超前开发研究。

就微处理器行业竞争而言,英特尔公司的对手大都是本国的半导体厂商。

英特尔公司为什么能在激烈的市场竞争中脱颖而出呢?重要原因之一是该公司不间断地开发新技术,能够持续地为提高电脑功能而提供新型微处理器。

早在1975年,英特尔公司的创建人摩尔就曾预言:计算机功能每18个月提高一倍。现在,这句话已成为世界公认的"摩尔定律"。这不是物理学定律,而是技术与商业发展的定律,这个定律由于英特尔公司在一定的周期内推出功能更高的微处理器而得到了最好验证。

1972~1989年,英特尔公司共开发出6种型号的微处理器,每种型号功能都跃上了一个新的台阶。1993年推出全新的"奔腾"芯片,标志着英特尔的开发能力进入了一个崭新的阶段。此后接连推出"奔腾"系列新型芯片,使公司登上了微处理器行业的领导地位。

1995年11月,英特尔公司推出了"奔腾"Pr0型,紧接着1996年1月推出了专用于多媒体的"奔腾"MMX型,次年5月又宣布推出"奔腾"Ⅱ型,其中300兆赫型单价近2000美元,是英特尔公司用以在技术上压倒竞争对手的一个秘密武器。

成功企业的密码

英特尔公司超前开发、不断更新产品的出发点之一,是不让竞争对手在技术上赶上它,或者以低于它的价格推销同一档次的产品,以防止市场被扰乱,公司的利润受损。正如分析家所说,英特尔的做法,就像汽车公司使它的用户每隔3年就购买一辆新型汽车一样,这种"有计划的淘汰制"可以保持公司利润不断增长的势头。

密码透析

新技术不仅能为企业开辟一条满足消费者不断增长的需求的途径,而且能为企业创造巨大的价值,还可以有效推迟竞争对手推出同类产品的时间,提高行业进入门槛,引领行业向更高层次发展,而与此相关的专利政策则能保护企业的创新成果,阻止跟随者的"抄袭"和复制。

例如,"美的"通过技术创新和专利申请,打破了竞争对手的价格壁垒,提高了市场占有率。2003～2004年,美的先是推出了具有更先进技术和更高附加值的"紫微光微波炉",继而又全面启动以"蒸"功能为主导的技术升级。由于美的在微波炉创新产品方面的突出表现,2007年9～10月,美的微波炉的市场份额从年初的20%升至40%,而格兰仕的市场份额却有所下滑,从年初的53%降至46%。

要在强手林立的市场中杀出重围,只有加快发展速度,在技术方面不断地领先其他对手,才能获得足够的优势。

对于英特尔公司而言,产品创新,"奔腾"不止,就是其生存和发展之路。英特尔永远是领头羊,市场还没准备好,英特尔就去推动它。不做龟兔赛跑中的兔子,不给对手任何超越自己的机会,永不停息地创新,不断更新自己的产品,勇做行业发展的引领者,这已经成为英特尔的文化。

在当今这个科学技术迅猛发展的时代,技术、产品更新换代的速度加快,如果你不能跟上时代潮流,很快就会被消费者遗忘。要想使企业长盛不衰,就要不断地创新,不断地推出新的产品,使企业品牌就像保存在恒温冰箱当中,始终保持"新鲜"。

世界上唯一不变的就是变。变,既是机遇,又是挑战。无论是大企业,还是小企业,都必须以新产品的方式在市场上发言。新产品营销是企业快速成长的动力,是维持企业活力的保障。

第七章

创新观：研发是自我提升的利器

☆腾讯——不能一味模仿，要锐意创新

创新效果

在企业发展过程中，如何选对一条有发展前途的路往往是极为关键的。但是新生事物存在太多的不确定性，没有人知道这条路是否有前途，这时候怎么办？模仿、跟风也许是最好的办法，因为"模仿"的最大好处就是可以避免许多不必要的风险，可是你模仿别人，那么你最多只能占有少量的市场份额。要改变这种状况，就不能一味模仿，而要锐意创新。

经典案例

马化腾干IT这一行是从模仿ICQ做OICQ开始的。当时的门户网站、邮箱等热门业务，并不是他的特长，所以他最熟悉的互联网软件ICQ就成了唯一的切入点。当时，很多业界人员对马化腾和QQ的成功存有异议。认为OICQ完全是一款抄袭ICQ的软件，并没有任何的新意。不过，当腾讯把QQ放到互联网上供用户免费使用后，在不到一年的时间里还是发展了500万用户。接着，马化腾着手积极寻找各种可能的赢利点，如借鉴当时韩国流行给虚拟形象穿衣服的网络服务，联系耐克、阿迪达斯等企业，把它们最新款的衣服放在网络上，供QQ用户付费使用。这样腾讯才暂时得以生存下来。

在"模仿"的道路上，马化腾品尝到了其中的苦涩。稍微有些网龄的网民都记得腾讯早期曾经做过邮箱业务，但推出没多久就被停掉了，甚至连马化腾自己都承认"不愿用第二次"。当时马化腾认为这个项目简单，不需要花费什么精力，"搭起架子就推出去了"。尽管注册使用的人很多，但由于当时邮箱竞争太激烈，烧钱多，却没有盈利模式，导致最后根本无法支撑邮箱系统的正常运营。

有了这次深刻的教训，马化腾意识到要"谋定而后动"，不能一味地模仿，要在模仿的基础上锐意创新。

成功企业的密码

我们现在看到的腾讯的很多产品，像离线消息、QQ群、魔法表情、移动QQ、炫铃网络游戏、电子商务（拍拍网）、无线增值以及门户网站（www.qq.com）等，都是腾讯在模仿基础上创新的成果。马化腾后来又在腾讯内部掀起新一轮的战略创新，为竞争对手设置更高的进入壁垒。腾讯围绕用户在不同年龄阶段及不同生活场景中的需求变化和消费行为进行产品设计，提供更深层的内容服务，主要包括三大产品策略：一个是QQ在工作中的应用，一个是在学校环境中的应用，还有一个是在家庭环境中的应用。和众多尝试多元化而惨遭失败的互联网公司不同，大举扩张的腾讯几乎在所有的领域都取得了成功。

密码透析

谈到创新，很多人会认为鼓捣出一个别人没想过、没见过、没碰过的玩意就叫创新，如果这样解释创新的话，就会把创新置于高山之巅，试问有几个创业者能够登临绝顶呢？中国网络经济发展中的成功例子，如百度、QQ、搜狐、265等，它们的产品和商业做法并不是别人没想过、没做过的，但却照样取得了成功。

事实上，许多创新未必是"无中生有"，更多的是在模仿的基础上加入自己独特的元素，从而将他人的东西变成自己的东西。例如百度并非简单模仿Google，而是在中文分词技术、本土战略方面有所创新，而百度成功正是基于其独特的创新点。QQ的确是模仿ICQ，但它在很多更适应中国网民需要的细节方面做到了创新。可以说，成功的模仿是在模仿的基础上创新，在模仿的基础上加以超越，仅仅依靠一种简单的模仿是无法取得成功的。

20世纪90年代中期，中国不少餐饮企业看到做洋快餐利润高，一拥而上，开始研究和模仿麦当劳、肯德基。这些中餐店面从内到外，无一例外都是模仿肯德基、麦当劳等洋快餐，但大多在经历了短暂的辉煌之后，以失败告终。这些模仿者只看到表面上的麦当劳与肯德基，认为只要拥有了一些简单的产品再加上无限的复制，就等于滚滚不断的财源，而看不到麦当劳与肯德基那表面之下隐藏着的严格的标准化管理、强大的供应链整合能力，以及以细节制胜的营销手段。

第七章

创新观：研发是自我提升的利器

当年曾经在餐饮行业里火了一把的"红高粱"创始人乔赢，在经历了模仿麦当劳与肯德基的失败之后，静下心来进行了一番反思，并亲自到美国等国家去考察麦当劳、肯德基的经营状况。最后，他得出了如下结论："这个世界已经变了，麦当劳、肯德基、艾德熊这样的洋快餐连锁在工业文明刚刚形成或正在形成的国家非常容易为消费者接受。但随着工业文明形成较早但已正在跨入信息文明的国家，这些洋快餐连锁已经失去了其标志性意义，开始走下坡路了。例如，麦当劳在全球的利润已经开始下降。因此，现在的中国餐饮企业已经没有必要去追随一种鼎盛期已过的商业模式。"

今天看来，乔赢的观点并不符合事实。在全球性金融危机的冲击下，大多数企业的日子不好过，但以麦当劳为代表的洋快餐业的经营业绩却一路上扬，扩张势头不降反升。当年乔赢走到了简单模仿洋快餐麦当劳的一个极端，只是从表面上去模仿，如今他却走向了另一个极端，把"麦肯模式"一棍子打死。在中国快餐业里，洋快餐连锁特别是麦当劳、肯德基做得比所有的中国民族快餐企业都要好，这可以凭借营业额来证明。也就是说，至少在现阶段，麦当劳、肯德基具有比中国本土企业更为优秀的东西，有可供学习、模仿和借鉴的地方。问题的根本在于，许多餐饮企业没有从中学习到洋快餐骨子里的东西，只是一种表面上的模仿，所以难以获得成功。

在经历了简单模仿下的"滑铁卢"之后，许多成功的创业者有了共识：企业不可能通过简单模仿别人而取得成功，只有在模仿的基础上进行创新，才是通往成功的途径。

道理很简单，模仿的生命力在于创新，在于有所超越。如果模仿只是一味地全盘照搬，完全失去了自我，最终结果只能像"邯郸学步"中的燕人一样，别人的东西没学会，自己反而不会走路了，只好爬着回去。

· 151 ·

第八章 资本观：

用最少的钱办尽量多的事

企业的一切工作必须以成本为中心，如果不计成本，企业发展的不确定性因素就会增加，潜在风险也会增加，即使貌似强大，也会容易被击溃。在企业经营中，资金不足是常态，一个成功的企业家一定也是一个成功的融资家。

☆华润啤酒——资本+管理=成长

资本效果

不到 10 年,华润雪花便跻身前三,其成长速度,简直是"如火箭般"。在外面的人看来,华润雪花啤酒是靠资本堆起来的航母。这只看到了它的皮毛。

其实,资本+管理,才成就了如今的华润雪花。

经典案例

单就资本架构而言,华润雪花一出生就"风华正茂"。华润雪花的第一大股东华润创业,乃华润集团旗下 5 大上市公司之一。驻港最大的中资企业华润集团拥有 30 多亿美元的现金,这是国内各啤酒集团难以企及的资本后盾。

华润创业总经理黄铁鹰,一开始就抱定了做"啤酒业霸主"的战略规划。此前,华润雪花的根据地在沈阳,东北棋局发生生死大逆转是在 1999 年。那一年,华润并购原大连渤海啤酒厂已超过两年。当时,华润大连啤酒公司的市场占有率从 15% 上升到了 70%,而竞争对手原大连棒槌岛啤酒公司的市场占有率则从 70% 骤降至 15%。在竞争激烈的东北市场,华润大连啤酒公司成为华润 10 多家啤酒厂中投资回报率最高的一个。

2001 年 4 月,华润大连啤酒厂整体并购原大连棒槌岛啤酒厂。按照黄铁鹰的回忆,此役"奇迹般地完成了中国啤酒史上最经典的蛇吞象一战"。这一并购使华润在沈阳、吉林、大连三地的业务区域有机整合为一体,一举奠定了华润在东北的霸主地位。名不见经传的王群当年正是华润大连啤酒公司总经理,2000 年他升任华润雪花总经理,为自己的职业生涯加注了一个最重要的砝码。

"雪花"是华润在沈阳并购的第一个地方品牌。那是 1993 年年底,雪花在东三省已经有着相当优良的品牌效应。可否顺势将雪花打造成全国

品牌？华润一度犹疑不决、举棋不定。

20世纪90年代初，全球第二大啤酒公司SABMiller在成为华润雪花第二大股东后给出了很多专业化建议。在品牌战略上，SABMiller分析，当时华润在内地只有一家沈阳雪花，如果投入巨额广告费用，一段时间内市场份额不理想的话，董事就会质疑，员工就会沮丧。再则，中国啤酒消费的一个重要特点就是"退瓶子"，这决定了啤酒消费的地域性非常强。华润应该从区域垄断做起，实施蘑菇战略，东北做一家，四川做一家，适当时候，全国连成一片。

华润采纳了此建议，蘑菇战略成为华润并购方略。

东北市场的区域垄断锁定之后，王群调头南下，寻求并购四川蓝剑，但却遭遇强烈抵制。王群不死心，先打市场后谈并购，翻版"大连战役"异地上演。2001年10月，华润雪花成功并购蓝剑，建造了西南大本营。

"占领"东北、西南后，华润雪花在华中、华东加速布点，有条不紊。今天，当青岛啤酒忙于整合，燕京啤酒谨慎多元，"不安分"的华润雪花仍以资本的方式行使着"话语权"。

2004年，华润雪花频繁出手，并购钱江啤酒、合资安徽龙津、6.8亿元东莞建厂，后又并购澳洲狮王啤酒，年底时分宣布与浙江西泠啤酒合资。

与浙江西泠啤酒合资，使华润雪花掌控的啤酒厂达到37个，11年并购，华润投入的现金总量超过60亿元，年销售额逾70亿元，占国内啤酒市场份额超过12%。

"只要资本不断，我就不反感，华润不依赖外延性的并购实现扩充，也不会放过任何一个有价值的投资机会，我希望华润雪花的市场份额达到20%，甚至30%。"在华润集团总经理宁高宁看来，2001年成功并购四川蓝剑集团是个重大转折，因为自那以后，华润雪花开始转向内部整合、品牌培育和市场营销。

从2002年开始，华润雪花在各个区域进行渠道改造，减少成本、提高效率、强化合作。品牌、管理、资本三轮驱动，啤酒业的竞争力体现在方方面面，特别是成本控制和质量管控。王群说："华润雪花对并购品牌的消化、整合，对扩张成本的控制，这一切虽然离不开强大的资金，但是与高效

第八章 资本观:用最少的钱办尽量多的事

的管理也是分不开的。"

王群深知,华润雪花的竞争对手很强大,形势不容乐观,如果再没有强大统一的品牌,没有形成品牌的规模优势,将对华润雪花的进一步发展产生不利影响。所以,华润雪花的目标是不惜一切代价,将雪花做成全国性大品牌。

密码透析

有这样一则寓言。

山里来了一只狼,狼饿了,找食吃,见到一群猫,数了数,有26只。狼实在饿了,壮着胆子向一只猫下了手,猫被吃了。狼很得意,每天吃一只猫,26天,吃了26只猫。

狼吃完猫,四处寻食,又看到一只大猫。这下狼高兴了,心想虽然这次只有一只,可是看起来大,可以吃饱,冲上去就咬,结果这只猫不但力气大,也凶猛,反过来就把狼打倒在地,把狼吃了。狼被吃了也不知道,这只貌似猫的东西原来不是猫。大猫非猫,猫大了,变了老虎。一只大老虎的力量大过26只猫。

对于华润啤酒来说,这26只猫好比它今天的26家啤酒厂,那只大老虎则是它未来的啤酒集团。狼很多,有的是饥饿的狼,有的是充满野心的狼,但不管是什么样的狼,华润啤酒这么多只猫如果不变成老虎,就会被狼吃掉。

如何把26只甚至更多的猫变成一只大老虎呢?这不是游戏,是生存的现实。因为这些猫随时都会被那些狼给吃掉。不过最强大的竞争对手,却给了它生存和成长的机会。

我们可以从竞争对手来分析,当时华润主要有青岛啤酒、燕京啤酒两大对手,青岛啤酒忙于整合,燕京啤酒谨慎多元,这使不安分的华润啤酒有了迅速扩大的机会,并且以自己强大的资本为后盾行使着"话语权"。

从华润的蘑菇战略,我们可以看出其高明之处:东北做一家,四川做一家,然后西南做一家,浙江做一家,安徽做一家,适当时候,全国连成一片,这就避免了跟燕京、青岛这样的强大的竞争对手正面碰撞,让对手感觉自己没有受到多大的威胁。可是当华润从26只猫变成一只老虎的时

候,连青岛、燕京这样的老虎也会感到害怕。

毫无疑问,华润的成功,也是与它雄厚的资金和有效的管理分不开的。因为没有完善的管理,华润不可能在短暂的10年之间取得这么大的突破,而一切管理,都需以一定的资金作基础。华润的资本+管理,让中国的大地上飘满了"雪花"。

☆希尔顿——知道用别人的钱

资本效果

企业在发展到一定的阶段,要进一步发展时,大多数面临的问题并不是人才或者技术,而是资金,我们看到无数的企业倒闭,都是因为资金链断裂造成的,可以说,资金对企业的生存与发展具有决定性意义。企业在缺乏资金的时候,要善于通过借用他人的资金来解困,来实现自己的发展目标。这属于资本运作中一种价值非常高的运作行为。

经典案例

唐纳德·希尔顿1887年出生于美国新墨西哥圣安东尼奥的一个小贩家里,他后来成为世界上赫赫有名的旅店大王。在他成功之路上有许多令人难忘的趣事,其中借鸡生蛋建造希尔顿大饭店最富有戏剧性。希尔顿从收购二手旅店开始发家,在有了一定的经济基础后,他开始了冒险的历程。当他有了10万美元的时候,梦想集资100万美元建一座希尔顿大饭店,下决心创造一个几乎不可思议的奇迹。

1923年,他在为大厦选址时,看中了达拉斯商业区的一个转角处,这个地方属于经营房地产而发了财的劳得米克所有。希尔顿冥思苦想,决定实施一个大胆的计划。他直接找到了劳得米克。

"我想买你的地皮,是为了建一座旅馆。"希尔顿说。劳得米克对他的企图丝毫没有觉察,只笑着说如今这样的旅馆实在太少了。"不过要建房子,需要一大笔钱,但我确实没有这么多,所以我不想买你的地,只是想把

第八章

它租下来。"希尔顿不失时机地说。"那你找我有什么事?"劳得米克开始有点不耐烦了。希尔顿赶忙向他说明,租期为100年,分期付款,"你保留着土地所有权,假如我不能按期付款,你可以随时收回土地。"希尔顿偷偷观察了一下劳得米克的反应,接着说,"而且,你可以同时收回饭店。"劳得米克觉得有利可图,便表示同意,租金为每年3万美元。

"不过,我希望拥有以地产作抵押来贷款的权利。"这才是希尔顿的真正目的。"否则,大厦还是建不起来,地皮还是等于白租。"劳得米克开始不同意,但最终还是极不情愿地接受了这个要求,他不想放弃这块到嘴的肥肉。

希尔顿大饭店破土动工了,可是建到一半时希尔顿的钱就用完了,虽然得到几位朋友的大力支持,但他筹到的钱在大饭店即将完工时又花完了。希尔顿决定铤而走险,再次在劳得米克身上打起主意来。"我现在没有钱了,眼看工程就要被搁置,现在唯一的办法是你把工程接上,使它完工,然后再租给我来经营。"劳得米克勃然大怒:"你这个大骗子!"但他除了再次答应希尔顿的要求外,又有什么办法呢?总不能让无用的庞然大物占着自己的地皮却去向这个身无分文的希尔顿收取租金吧!劳得米克无奈补足了所欠的工程款,使饭店顺利完工。最后,他和希尔顿签订了出租饭店的合同,年租金10万美元。

1925年8月4日,"达拉斯希尔顿"大饭店落成,像一颗明珠放射出耀眼的光芒,希尔顿也开始了他辉煌的时代。随后几年,"希尔顿"系列旅馆在美国各地建成,他组织起了希尔顿旅馆公司,希尔顿的事业如日中天。1979年,希尔顿在92岁时安详地闭上了眼睛,把自己一生辛勤奋斗出来的系统庞大的"希尔顿旅馆"留给了后人。

密码透析

在很多人眼里,这是一件不可能做到的事情,自己没钱盖酒店了,让地产商接着盖,还要等赚了利润再给钱,简直是完整版的"借鸡生蛋",希尔顿却做得天衣无缝又合情合理。

我们不得不佩服希尔顿的智慧。面对危机,他思路一改,财路就通了。

其实,这借力使力的策略,说穿了也十分简单:只要去找一个有实力的主,用你的谈判口才,想尽一切办法把他的利益与你的利益紧密地捆绑在一起,成为一个不可分割的命运共同体,他就会帮助你实现目标。

不过,当人人都懂得借鸡生蛋时,"鸡"就不那么好借了。运作这件事,当然要讲究方式方法,但讲信誉最为重要。

古人云:"有借有还,再借不难。"这句话道出了信誉的重要性。不少企业家面临着融资难的问题,原因是多方面的,其中一个重要的原因是信誉问题。据调查,一些企业家的诚信度令人非常失望,有的甚至创业动机就存在问题,利用虚假财务报表,圈投资者的钱,圈银行的钱,骗国家的钱。

试想一个缺乏信誉的人,谁会愿意跟他合作,向他投资呢?当然,如果具有很大的商机的话,或许会有人投资,但是一个人信誉不好,就要为此付出很大的成本。比如,如果你有信誉,有些事做起来就很简单,就不需要订这个协议、那个协议。如果人家不信任你,就会搞得很复杂,就要防这防那,搞出很多条条框框,成本就很大。如果你借了钱故意不还,那么你在业界就无法立足,以至成为被唾弃的对象,再难生存。

总之,成功的企业家都善于凭着自己的信誉借别人的资金来实现经营目标。富兰克林是这样,希尔顿是这样,许多大企业家都是这样。世界上那些非常富有的人都是负过债的人,他们都是用别人的钱来达到自己目标的行家里手。在财务学中,举债被称为"财务杠杆"。所谓杠杆,简言之就是四两拨千斤、以小博大的工具。阿基米德曾说过:"给我一个支点,我可以将整个地球提起。"延伸到财务杠杆上,可以这样说:"借足够的钱,我就可以取得巨大的财富。"

☆彪马——负一定的债,反而是好事

资本效果

在中国人的观念中,债务一直被看做是洪水猛兽。"负债累累"、"债

第八章

资本观：用最少的钱办尽量多的事

台高筑"等成语都反映了人们对债务的负面看法。很多人认为，"无债一身轻"才是正常的财务状况，没有债务的企业才是健康的、有发展前途的。负债累累确实对企业的发展有一定的负面影响，但这并不是说，一点儿债务也没有就是最好的。更何况，当企业资金链出现断裂的时候，要生存下去，只有负债经营。

经典案例

现今已有60余年历史的运动服装品牌彪马，在世界范围内具有强大的吸引力和影响力。它的光辉篇章一页页写在伟大的运动成就上。彪马陪伴球王贝利进军世足冠军决赛，陪伴网球好手贝克在温布敦的草地称雄。与最顶尖的运动员合作并不断追求最新的技术、制作最佳的运动配备。近几年来它又根据流行运动的需求进行创新，跃升为年轻人最喜爱的品牌之一。

可是在20世纪八九十年代，彪马在销量上远远落在耐克、锐步和阿迪达斯等运动服装巨头后面。当时彪马被看做是落伍的品牌，是穷人才穿的品牌，百货公司纷纷将彪马运动鞋放到了廉价货柜上。

1994年，年仅30岁的塞特兹被任命为彪马公司的CEO，他同时也是当时欧洲最年轻的上市企业总裁。当时许多人认为塞特兹太年轻，担心他难胜大任，因为此时彪马公司已连续8年亏损，负债2.5亿美元，濒临破产。

但是塞特兹没有对这家老企业失去信心，他顶着巨大的压力上任了。公司已债台高筑，可是除了继续采取负债经营，根本没有其他出路可走。塞特兹采取游击营销战术，在短短的五六年时间里，就让彪马成为世界运动服装市场的"爆发型品牌"。

1994~2001年，彪马的营业额增长了近两倍。彪马不但还清了银行的钱，凭借出色的营销战术，彪马公司的股票连续多年被评为德国市场上最值得投资的股票。

密码透析

那些没有压力的企业往往动力不足、干劲不足，也就成不了大事。债

务对于企业来说，可以说是一种压力。一个企业没有债务，自然会觉得企业一直运转得很好，也就没有了压力，如果不能正确对待，很可能会满足于平平安安过日子，不思进取，不求上进。从这个角度来看，企业有一定的债务，身上有一定的压力反而能激发自己的上进心，增加前进的动力。这就是为什么现在很多企业家明明可以向股东要钱，却还是把手伸向了银行。

经济学家认为，很多企业的发展速度根本不是其当前的能力决定的，而是由其几年后甚至几十年后的利润来决定的。但是在企业需要扩大、发展的时候，企业家还是会选择去用明天的钱来做今天的事，这就需要通过向银行贷款，把企业未来的盈利提前变现到现在来实现发展所需要的各种条件，提高自己企业的实力。

当然，并不是所有的负债经营都是有好处的，做任何事情都需要掌握一个度，负债经营也一样。企业掌握好这个度的标志，就是良性负债。所谓良性负债，就是你可以自己控制的负债，就是你的企业必须要能在很长的一段时期保持盈利。反之，超出了自己预期收入的、不可控的负债，则为不良负债。比如，你的企业为扩大规模而向银行贷了款，每个月还款金额不超过月盈利的30％，这样的债务就属于良性负债；如果企业的还贷比例达到了月盈利的50％，在这种情况下，对于企业来说就不具备财务的弹性，一旦盈利减少，就很容易使企业陷入财务困境，这样的债务则属不良负债。这就是中国很多负债经营的企业每个月还款金额很少有超过月盈利的20％的原因。

企业要经营、要发展，就需要资金。向别人借钱，便要付利息，这是理所当然的事。但是，只要你胆识过人、眼光独到，应付得当，看准了市场行情，洞察市场变化规律，加速资金周转，那么，借来的钱所挣出来的钱远比你所付出的利息多得多。

美国著名企业家哈托说得好，很多人不懂得负债经营，总是把亏损经营跟负债经营混为一谈，这其实是很不对的。现代经营的法则是，负债只要经营得法，同样可以创造利润。负债经营绝不是亏损经营，二者截然不同。亏损经营指的是产品一时卖不出去，或者咬牙跟同行降价竞争，使价

格低于制造成本。这种亏损的营销策略只是一种权宜之计，绝对不可以持久，否则即便倾家荡产也奉陪不起。

☆福特汽车——把薪酬作为投资

资本效果

员工为企业工作而取得薪酬，同时员工在薪酬方面得到相对满足之后，工作热情更高，可以为企业创造更多的价值。从这个意义上说，薪酬不应该被视为一种成本，而应该视为高回报的投资。作为财务管理人员，应该从投资角度去管理薪酬。

福特汽车公司的"日薪5美元"案例相当著名，该公司提高薪酬，并不是增加了企业成本，相反，是在降低单位成本的同时做了一项战略性的高回报的人力资本投资。

福特的"日薪5美元"政策帮助我们从一个新的角度看待公司的社会责任：公司以经济的办法来提高员工的满意度与竞争力，才是公司服务社会的最佳选择。

经典案例

1914年1月5日，福特宣布将工人日薪金提高到5美元。

这一幕曾让无数的人感动，当然，让人感动的并不是5美元本身，而是在报酬的背后——福特这样一家大公司如何对待员工，又是如何对待它所赖以生存的社会的。

报道这个意义非凡消息的新闻稿的开头很特别。它是这样写的：

"福特汽车公司，全世界最大最成功的汽车制造公司，将于1月12日做出工业界迄今为止最伟大的有关工人报酬的改革。"

"我们将一次性把工时从9小时下调到8小时，并向每名员工提供利润分成，22岁及22岁以上的员工每日的最低收入将为5美元。"

参加新闻发布会的记者听到这里，手都僵硬了，铅笔停止在手中。而

成功企业的密码

当这则新闻刊登在当天的报纸上之后,在底特律的曼彻斯特大道,人群拥挤到难以移动的地步,每个人都想到福特去拿5美元的日薪,因为他们现在连5美元的一半都拿不到。1月12日,是一个寒冷的冬日,气温接近0℃,但这一天却因为5美元报酬正式生效,气氛变得极其热烈。

约有1.2万名求职者围住了福特公司,而在开往底特律的各种车辆上,还有成千上万的人源源不断地赶来。由于福特无法满足如此众多的求职者,沮丧的求职者把公司围了个水泄不通。最后不得不出动消防车用高压水龙头驱散人群,但人们干脆把水管割断了。

在南方,长期受压抑的黑人听到在福特可以与白人一样获得5美元日薪,于是许多黑人开始向底特律迁移,他们写了无数蓝调来歌颂福特:"我要去底特律,去找一个叫福特的人,找一份好工作,不再挨饿!"

福特是全世界第一家认识到以下一点的公司:市场化的利益调节机制,不仅可以调节劳动力,而且可以调节全社会对于"人"的认识。福特在日薪5美元的政策中,有一个特殊规定,就是不是所有的人都可以享受日薪5美元的待遇,如果你不符合下列条件,那么,无论你多么努力,多么有成效,都不可能享受5美元,而只能享受2.38美元的标准工资:

1. 同家人生活在一起的已婚者,并乐意照顾家庭。

2. 如果你是年龄22岁以上的单身,那么,你要为人节俭。

3. 如果你是22岁以下,若有近亲或血亲要你帮助,那么你也可以享受。

这不是"作秀式"的规定。福特为此专门成立了一个社会部,走访了解应聘者的表现与家庭情况,很少有人做得了假。福特用自己的行为向社会表明:福特提高薪酬,是为了体现上帝给予每个家庭的幸福时光。

有人问福特:"一个清洁工如何可以拿到那么高的工资?"福特的回答是:通过收集地板上的小工具和小零件,清洁工每天可以为我们节省5美元。从这种思维中,我们清楚地看到福特把自己这一行为上升到了如何经营公司、如何使企业强大的高度。他深知,员工对工作的热情付出,是一种成本很高的行为,绝对不可能通过强迫得到。

密码透析

如果你想要员工付出,你就要首先对员工投资。按照沃尔玛的说法就是:如果你想要员工照顾好你的顾客,那么,请首先照顾好你的员工!而一旦企业把投资重点从设备转移到员工身上,整个生产程序就会产生出难以想象的效益。换句话说,企业真正强大的是它的员工,而不是它的机器。

事实证明福特的思想和行为是正确的。福特公司实行日薪5美元的政策后,"每个人都把公司徽章别在衣服外面,他们都以成为一个福特人为荣。本来徽章是进出工厂的一个证件,但无论是星期天还是下班之后,他们一直都戴着徽章,目的是告诉别人:我是福特人!"

差不多100年后,历史学家布林克利(Douglas Brinkley)在总结福特的一生时,发出了这样的感叹:"如果没有福特管理层的执著努力与过人才能,工业化民主化的这种双重进步可能需要数十年才能实现。但福特汽车的积极进取,使革新在短短的一年内就完成了。"

长时间以来,人们把社会责任与企业赢利看成对立的两个方面,似乎社会责任就像税收一样,要从企业拿出些什么,才能获得社会的认同。福特的日薪5美元政策帮助我们从一个新的角度看待公司的社会责任。那就是:员工满意了,企业的竞争力提高了,企业的形象也上升了,自己的产品就更好卖了,社会自然也就改变了,这才是公司服务于社会的基本逻辑。

☆丰田——成本控制从细节开始

资本效果

有很多企业一直都在讲节约成本,可到头来,好像并没有降低多少。其中的原因很多,但主要是这些企业总认为节省这一点儿不会改变什么。可事实上,正是这点点滴滴的积累才构成了企业降低成本的基础。

成功企业的密码

经典案例

一次,松下公司的领导到丰田公司参观,丰田公司的服务人员恭敬地送上咖啡,礼貌之周到无可挑剔,但是盛咖啡的器皿却使客人大吃一惊——公司使用普通的粗瓷碗来盛咖啡。

是的,丰田公司没有咖啡杯,无论是自己用,还是招待贵客,一律用普通的瓷碗。

外界都说丰田人"吝啬"。岂不知,"吝啬"正是丰田的"三河商法"之一。

日本战败后,丰田喜一郎面对战争遗留给丰田公司的一片废墟,斩钉截铁地说:"丰田要三年赶上美国。否则,日本的汽车工业就别想重建。"在喜一郎的鼓动下,丰田公司上上下下鼓足了干劲。光有干劲还不行,要"赶上美国"还需要更多的东西。喜一郎首先为公司制定了经营管理思想:第一,批量生产;第二,"吝啬"精神;第三,无贷款经营。三者是一个整体,互为影响,大家习惯把它叫做"三河商法"。之所以叫"三河商法",是因为丰田公司的大部分工厂都集中在日本爱知县的三河地区,公司高级经理和许多员工都是三河人,他们自称是"三河忠诚集团",故而人们将其经营战略称为"三河商法"。

喜一郎坚决反对浪费。他跟员工讲:"我们搞企业必须有基础,那么以什么为基础呢?很简单,就是要以彻底杜绝浪费的思想为基础。我们现在要这样讲,哪一天家大了、业大了,也应该是这样。"他提出"批量生产",就是要彻底杜绝浪费,追求汽车制造的合理性。

喜一郎的副手大野耐一最能理解喜一郎的想法。他大胆创新,突破了传统的汽车制造"由上道工序把工件传递到下道工序"的方式,改变成"由下道工序向上道工序领取工件"的方式。这种新方式要求前道工序只生产后道工序所要领取的工件,并严格执行"三必要"的制度——保证按必要的工件、必要的时间和必要的数量"准确"地供应到位,从而形成了完整的丰田生产方式。

为了让不同车间、不同工序的各级管理人员和员工都能执行好这种生产方式,大野强调:"后道工序就是顾客。杜绝浪费对企业来说,是至高

164

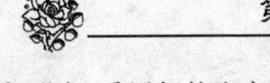 第八章

无上的命令。"让管理人员和员工都明白,采用新的生产方式,就是为了彻底杜绝浪费。

丰田汽车公司通过采取这些措施,从细节做起,达到了降低成本、提高效益的目的。

密码透析

外界都知道丰田公司拒绝浪费。"干毛巾也能拧出水",这就是丰田的精神。在丰田公司,员工做完工作后随时可以回家,在丰田看来,不必要的逗留就是浪费,与其下班后办公室依然灯火通明,员工无所事事,不如让员工做其他的事情。这样既节省能源,又不浪费时间。即使在日本经济进入飞速发展时期,丰田公司的日子最好过的时候,丰田员工也从来没有淡忘节俭的传统。

然而,也有一些企业在成本控制方面,忽视成本管理细节,把降低成本仅仅停留在一些表面工作上,结果惨遭失败。

在这方面,沃尔玛的竞争对手凯玛特的破产遭遇,或许会让人有所领悟。凯玛特曾在美国零售商中排行老大,销售额是当时沃尔玛的15倍。到了2002年,凯玛特百货公司却落到了申请破产保护的地步。有专家分析,正是在每一个细节上凯玛特都逊于沃尔玛一筹,最终导致了凯玛特失败的结局。比如,在广告模特方面,沃尔玛的广告模特均是自家店员或员工的子女,而凯玛特却反其道而行之,高薪聘请名模,结果,凯玛特的广告费占总运营费的10.6%,沃尔玛的只占0.4%。

所以说,控制成本绝不应该忽视对细节的处理。只有细分每一个成本环节,并关注每一个细节,成本控制才能取得实实在在的效果,给企业带来竞争力。正所谓"不择小流方以成大海,不拒抔土方以成高山"。

第九章 危机观：

把危机看做机会

任何企业都可能面临危机。成功的企业危机意识强，它们对危机时刻保持着高度的警惕。但是，它们不惧怕危机，而是把危机看做机会。面对逆境和挑战，它们善于变逆境为顺境，化挑战为契机，从而摆脱危机，走上健康发展的道路。

第九章

危机观：把危机看做机会

☆微软——除了自己，没有人能使你倒下

危机管理效果

深深打上盖茨烙印的微软，在商界里似乎无往而不胜。实际上，创业前期的艰辛，决策失误带来的巨大风险，以及由于其领头人桀骜、霸道、强势惹来的非议进而转化为一场场严峻的生死危机……这一切使它像一叶扁舟在惊涛骇浪里翻滚。但盖茨凭借着其坚定不移的心志，心无旁骛，永不畏惧，带领着微软一次次化险为夷，奋勇前进。他曾说过，除了自己，没有人能使你倒下。这是盖茨在艰苦创业实践中最深刻的心得。有了这种自强不息、永不言败的坚强意志，任何危机都不在话下。

经典案例

"在微软历史上，从来没有过这么让人伤心和沮丧的经历。"说这话的是当时微软 Windows 研究小组的主要负责人麦克·乔治。

1981 年，苹果抢先一步开发出了被称作"麦金塔"的电脑软件，这种软件为用户提供了前所未有的图形用户界面。让别人拔了头筹，这是比尔·盖茨无法容忍的，于是开发"Windows"成为微软的紧迫任务，盖茨希望凭借这一软件夺回一城。盖茨对此软件的开发无比重视，把从外面物色来的麦克·乔治等人，与公司内部最优秀的 20 名程序设计员组成团队，全力以赴地投入研发。微软对外透露这将是个"颠覆性"的新产品，由此引起了外界无限遐想与期待。

然而，由于当时的个人电脑内存容量太小，其 8088 微处理器的速度很慢，无法满足 Windows 所需，同时比起以往的 MS-DOS 等系统，Windows 本身的复杂程度几乎超出了所有人的预想，因此 Windows 软件开发了两年多，却一直身陷泥潭，未取得任何实质性的突破，Windows 的面世似乎遥遥无期。微软只得无可奈何地宣布，将原定于 1983 年年底的交货时间推迟至来年的第一季度。这让号称"我们出售的是承诺"的微软公

成功企业的密码

司,特别是盖茨个人觉得非常有失体面,然而,真正让人沮丧的事情随后一件接着一件发生,后果完全出乎盖茨的预料。

1984年2月,当300多家硬、软件公司满怀期待地赶往西雅图,希望可以拿到Windows的产品时,微软再次宣布将Windows的供货时间推迟至5月,众人失望而回。待到5月,微软的销售经理一一拜访各家用户公司,向他们道歉说,Windows软件的供货时间将再次推迟至8月。一而再、再而三的拖延,让用户们逐渐失去耐心,转而开始探寻"可视"公司的VisiOn软件的可能性。这对微软来说是个极度危险的信号,如果"可视"公司抢先一步实现了技术突破,那么这块市场微软就将失之交臂。所幸的是,VisiOn软件以及其后IBM亲自出马推出的"顶视"软件皆由于技术上未有彻底突破而遭到市场冷遇,人们转而继续期望Windows的诞生。这对微软来说是一次喘气的好机会,但无形的压力也越来越大,如果Windows依然无法达到人们的期望,就意味着微软将黯然退出这场角逐。8月旋即而至,然而微软依然交了白卷,这次,人们在失望之余再也没有多少耐心,新闻界开始极尽挖苦之能事:"如果你想成为像比尔一样的亿万富翁,你必须先学会当众吹出直径一寸以上的大泡泡。"舆论的冷嘲热讽,市场的失望情绪,让微软陷入两难境地,Windows的开发进退维谷。

但是,坚持只做最好的软件的盖茨以其坚定的信念激流勇进,并摒弃外界的一切杂音,转身查找公司内部的症结。当盖茨意识到自己在行政管理上经验不足时,他果断地将总裁之位让给了具有极强组织能力的谢利。而正是因为这次人事调整,Windows的开发终于出现转机。谢利经过一番调查发现,Windows计划之所以推进缓慢,除了技术上的原因,组织与管理上的混乱也是重要原因。谢利大刀阔斧地进行了人事、组织结构的改革与调整,以推动Windows计划的顺利实施。而盖茨则全身心地投入软件总体框架的制定和发展方向的研究。1985年年初,Windows的开发终于走上了有条不紊的轨道,而此时的盖茨更是展现出临危不乱的大将风范,为了开发出尽可能完美的软件,盖茨索性将Windows的交货时间一下子推迟至1985年6月。外界的一切质疑与非议都变得无足轻重,在盖茨心里,他只要他的最完美的Windows。随后,盖茨带领着微软

Windows小组进行集体攻关，大家吃住在实验室，没日没夜，开足马力，所有设计人员都进入了满负荷甚至超负荷的工作状态。

功夫不负有心人。1985年5月，盖茨终于带着演示版Windows软件出现在当年的Comdex电脑大展上，向成千上万的观众展示同时用鼠标和键盘打开或关闭"窗口"的效果，同时宣布Windows1.0软件售价仅95美元。1个月后，微软公司正式对外发放Windows1.0测试版。此后微软不断推出性能上更为完善的Windows2.0、Windows3.0……Windows2000乃至Vista，其中Windows3.0推出时曾创下了在1992年发售量达700万套的惊人业绩。

密码透析

微软就是凭借着这样一种不达目的誓不罢休的劲头，在危机当头仍始终坚持自己的信念，稳稳占据软件霸主地位，几乎没有给任何竞争对手以任何机会，创下了一个个商业奇迹。

其实一家企业的成功，绝不仅仅是因为它能抓住多少次机会，而是因为它能扛过一次又一次的灾难。作为企业的领导者，当你处于困境、面临危机时，你必须相信自己，没有任何人、任何事，能让自己倒下，只要扛过，你的企业必有美好的前途。

1963年，45岁的玫琳凯刚刚失去了第一任丈夫，在埋葬了丈夫的一个月后，她在达拉斯的一家小店里开始了自己的梦想之旅，她以自己的名字命名了这家化妆品公司，这么做的原因是，她始终坚信所有的美国女人总会希望自己更加美丽。在此后的发展中，玫琳凯公司数度沉浮，但却如同被保护神庇佑着一般始终屹立不倒。后来玫琳凯在自传中道出了她这种"信心"的源泉：还在她孩提时代，她母亲便鼓励她，在走向未知时，相信"你能做到"。事实上，这是一种近乎盲目的信心，唯一的解释只能是，她没有倒下，最后并且胜利了。

给过玫琳凯力量的这种信心，也在其他时刻给过其他人力量，就像在黑暗中总有人挣扎着去寻找那一丝光亮一样。1985年，乔布斯被驱逐出了他一手创办的苹果公司，这是对一家企业的创始人最大的羞辱。但即使在这般极端的环境下，乔布斯依然坚信自己能够重回苹果公司，8年之

后,他果然如愿了。

危机之下的生存之道,就是对自己说一声:"我能!"这点上,盖茨、玫琳凯、乔布斯等人为众多企业家树立了标杆。

"坚持下去,成功就在下一个街角处等着你。"这是比尔·盖茨关于成功的至理名言。的确,在事业上遭受挫折时,如果打退堂鼓,那么挫折就会成为失败;如果始终以自己的信念坚持下去,挫折就有可能转变为成功。除了自己,没有人能让你倒下,请不要向自己低头。

☆台塑——能在冬天生存,就能赢得夏天的竞争

危机管理效果

著名企业家王永庆说:"如果要想冰淇淋卖得好,就要从冬天开始,因为冬天买冰淇淋的顾客少,会强迫你降低成本,提高服务。如果冰淇淋在寒冷的冬天坚强地生存下来,顺利地渡过逆境,那就不会惧怕夏天的竞争。"这可以说是他对自己经营经验的高度概括和总结。王永庆所以取得成功,很大程度上是因为他奉行了"冰淇淋哲学",在经济发展进入低谷时期,仍然坚持投资塑料行业。

经典案例

王永庆的台塑企业成立于1945年。在台塑的生产规模不断扩大的情况之下,王永庆又创建了一个加工台塑产品的公司,也就是南亚塑胶工业公司。起初,南亚塑胶的效益很不理想,公司处于"骑虎难下"的状况,但由于王永庆不懈地努力,台塑和南亚的不良经营状况逐渐有了改观,更为他以后的发展奠定了基础。

后来,在美国的石化企业纷纷倒闭之时,王永庆却到得克萨斯州大规模地建立石化工厂,并先后买下2个石化工与8个PVC加工厂。1985年,台湾经济又一次出现低迷,很多企业都在回收投出的资金,王永庆却

认为此时是投资的最佳时机,于是他在资讯电子行业投资47亿新台币,进一步扩张了自己的事业。在王永庆收购的几家美国石化工程中,有一家是德拉威尔石化厂,此厂有着十几年亏损的经历,曾经转售给美、英等国大型的石化公司,但都没有改变自身继续亏损的厄运。1981年,王永庆收购了这家工厂。在他的领导下,德拉威尔很快扭亏为盈,收购后头两年的平均利润率上升21%。

在美国,无论是在地上、地下,还是在水中,所埋设的PVC水管,有1/4是台塑生产的。1985年7月,王永庆上了美国的《福布斯》杂志,在以王永庆为封面的这期《福布斯》上这样写道:"在收购德拉威尔工厂上,杜邦没能够赚钱,BFGOODRICH(美国第十七大石化公司)也栽了跟斗,王永庆却刨出了商机。"

密码透析

当某一产品出现滞销时,企业的经营者一定不要惊慌失措,而要沉着冷静,从容应对。只要你咬紧牙关,平安地度过这艰难的时日,你总会有你"直挂云帆济沧海"的那一天。

正如王永庆所说,卖冰淇淋应该从冬天开始,虽然冬天生意比较清淡冷清,但这可促使你想方设法降低成本,改善服务。在冬天里练好了这些"基本功",等夏天一到,你就会在竞争对手面前占有更大的优势。

亚洲首富李嘉诚和王永庆一样,颇懂得"冰淇淋哲学"。

1965年,香港发生了严重的银行信用危机,市民都人心惶惶,纷纷离开香港,从而导致香港房地产业的萧条。房地产公司面临着倒闭的危险,房地产投资者们手忙脚乱,不知所措,其中有不少人开始低价抛售房产。1967年,香港又发生了反英暴动,使香港的人数进一步减少,因此当时的房产市场更加"惨不忍睹"。但是李嘉诚却具有独到的眼光,他认为香港是一个商机很大的殖民地,他很看好香港的房地产前景。他认为动乱不会持续很久,香港的经济很快就会繁荣起来,这必定也会带动房地产业的发展。于是在别人低价抛售时,他大量收购了香港的地皮和旧楼。仅过了3年,香港的经济便得以恢复,当年背井离乡的香港人又回来了。一时间,香港的房价暴涨,李嘉诚立即抛售了自己手中的房产,并及时购买了

具有发展潜力的地皮和楼房。1971年,李嘉诚创建了长江实业(集团)有限公司,并在众多的房地产企业中脱颖而出。在以后的房产经营中,李嘉诚多次运用了"人退我进、人弃我取"的经营策略,在楼价下滑时大量购买,在楼价上涨时又迅速抛售,从而使他在房地产行业中积累了大量的资金。由此我们可以看到,李嘉诚成为亚洲首富绝非偶然。

经济的运行有繁荣的时候,也有萧条的时候;产品在市场上时涨时跌。这都是正常的现象。对于企业来讲,要想做强做大,就要善于抓住经济萧条的机会发展壮大自己。在经济萧条时期,很多人会偃旗息鼓、止步不前,甚至缩小企业的经营规模。只要你看准时机,适当扩大规模,待到经济复苏之时,你就会拥有比竞争对手更大的市场和优势。

☆雷诺——把危机告诉每一个人

危机管理效果

企业的危机并不是某一个人的危机,而是涉及企业里所有人的危机。

成功的CEO不仅要强化自身的危机意识,而且还要要求企业全体人员都要树立危机意识。同时,无论是已发生的危机还是潜在危机,企业都应让每个员工知道。这有利于企业摆脱危机或防止危机发生。

经典案例

雷诺公司是专为核动力潜艇生产降低噪音设备的,且有良好的信誉。有一次,公司与买方签订订货合同后,由于各种原因,工程进度大大慢于计划的要求,这种情况如果持续下去,公司将不能如期履行合同,此后果的直接经济损失将是8亿美元。

公司的总经理亲自到施工现场,督促全公司上万名员工加快施工进程,经过一年的努力,公司终于按期交送买方第一批订货。公司上下都为之松了口气。但在准备交送第二批订货的时候,出现了令人意想不到的情况。公司技术部在对仓库中即将装运的设备进行最后一次预检时,发

第九章

危机观：把危机看做机会

现有 10 件设备的主机动力线被剪断了，如果就此安装到核潜艇的核反应堆侧，超标准的排水温会使核反应堆的核料达到临界状态，在一秒钟内就会因连锁聚合核反应引起大爆炸，后果不堪设想。对于这样的事故，常规处理方法是将设备转移到安全地区予以全部拆毁。假如公司这样做，不仅会失去抓获疑犯的所有线索，而且会使"雷诺"信誉扫地，永无抬头之日。

"雷诺"公司面临着严重的信誉危机，如何处理这一事件，将直接影响到雷诺的形象和利益。

雷诺总经理决定把问题的全部真相告诉员工，让员工用一天时间讨论，以找到解决这一问题的最佳办法。上万名员工被召集到装配车间，总经理在向他们说明了公司面临的危机之后说："伙计们，如果我们不能顺利渡过这场劫难，不只你们，还包括我，全都会成为街头的无业流民，或者到贫民窟里去安身立命，我们辛苦经营的公司也将毁于一旦。这一重要问题决定企业的生死存亡，关系到公司上下万名员工的切身利益。我没有权利独自作出决定，所以把你们召集起来，就是要寻求一个两全其美的办法来，既保住公司的荣誉，又保住你我的饭碗。好了，大家努力吧，上帝赐福我们。"

据事后统计，在危机处理过程中，关于各环节问题，由员工提出的成功行动计划超过了 1.5 万个。10 个月以后，雷诺公司的运营完全恢复了正常。为了按期按质履行合同，全体员工自发地将加班钟点增加了 4 个小时，有效地确保了工程进度。生产各环节受到更严密的监测，产品质量得到了保证。公司这样做不仅保住了公司的信誉，解决了公司的生存危机，而且对以后公司的健康发展起到了积极的推动作用。

密码透析

雷诺公司采用"把危机告诉每一个人"的办法来解决危机问题，取得了满意的结果，充分说明了员工中蕴藏着无穷的智慧和力量。充分调动和发挥广大员工的积极性和创造性，才是企业战胜困难、克服危机的最好办法。

因此，一些明智的企业家在企业经营遇到困难时，并不是通过裁员来

解决，而是依靠员工群体的力量来战胜困难。1930年的一天，松下幸之助卧病在床，负责照看工厂的人告诉他，公司因为金融挤兑遭到了重创，产品大量积压，必须裁员一半才能渡过危机。闻此消息，松下竟然奇迹般痊愈了。他作出了对松下公司而言最重要的一个决定：不裁员、不减薪，让员工们树立"以工厂为家"的观念，动员全部员工参与销售。正是这个决策，使松下公司在危机中逆势成长，并一举成就了后来在电器业雄霸一时的松下电器公司。

一个卓越的企业领导者在经济低迷、企业经营不景气时期，更应该保护好企业最宝贵的财富——员工，加大对他们的培训投入，为经济复苏时企业的再度发展储备好人力资源。这才是明智之举。

☆约翰逊药品公司——危机与商机同在

危机管理效果

在企业发展史上，很难找出还有哪一家企业在危机处理上可以像美国约翰逊药品公司那样，获得社会公众和舆论的广泛同情。本着为消费者健康安全着想，约翰逊公司宁愿损失一个亿的成本来让消费者放心，而它也因此得到了消费者的赞赏和认同，从而获得了商机。从这个意义上说，危机与商机同在。

经典案例

1982年9月30日，犯罪分子在美国纽约州约翰逊药品公司的泰利诺胶囊里放进氰化物，以致一夜之间，便在芝加哥地区毒死了7个人。这次死亡事件带来的直接后果是人们对药品的恐慌，约翰逊公司因此而面临失去公众信任的危机，若处理不好，苦心经营40年之久的约翰逊公司将毁于一旦。

为了确保消费者的生命安全，挽救公司形象，在得知芝加哥地区发生药物中毒事件后，约翰逊公司马上报告食品及药物管理局，并采取了以下紧急措施：追回它在 31 个州的药品，并当即销毁；发出 45 万封电报请各医疗单位提高警惕；设立专用电话线。并通知新闻单位；请世界健康组织向各地药品供应商发出通知，以保护泰利诺的海外市场。从 9 月 30 日事件发生到 10 月上旬，胶囊生产全部停止，几天之内公司损失高达 10 万美元。

正常情况下，新闻机构对公司的询问每年只有 700～800 次，但这次危机发生后仅一个月，新闻机构的询问就高达 2000 多次。在这项危机事件的处理过程中，公司坚持对有关新闻报道和询问进行记录。头几个月，他们记录了 2500 个对该事件报道和询问的组织及个人的名字、名称、电话号码、地址以及报道和询问的内容。根据这些记录，公司以各种方式和有关方面保持密切联系，邀请有关人士出席电视新闻会议，让他们了解事件的真相以及公司处理这一事件的措施。这是公司恢复形象的最初过程。

之后，为了了解泰利诺事件造成影响的程度，约翰逊公司还进行了一次为期 7 周的调查，其中包括 7000 多次的电话直接询问。调查结果表明，有 90% 的人知道这次事件，值得庆幸的是，知情者中有 90% 的人认为约翰逊公司不应受到指责，因为公司为保护公众利益已经采取了行动。公司了解这些情况以后，在泰利诺事件发生一个月之后，就制订并开始实施市场恢复计划。

他们举行了一个由 30 多个城市参加、通过卫星转播的电视记者招待会。招待会上，面对 500 多名记者，约翰逊公司董事长伯克首先发表讲话。他感谢新闻媒介公正地对待泰利诺的悲剧，并向记者们介绍了重返市场的有抗污染包装的泰利诺新药，然后请记者提问。在记者招待会现场还播放了这种新式包装药品的录像。这一记者招待会获取了巨大的成功，它被人们称为"美国新闻史上难度最大的记者招待会"。

记者招待会之后，公司通过报纸分发了大约 800 万张面值 2.5 美元的泰利诺药品折扣优惠券，有 43 万客户打电话索取折扣优惠券。虽然泰利诺事件的阴影还没有完全消除，但由于公司采取了以上有力的措施，其新式包装的泰利诺药品的市场占有率很快回升到 18%，这不能不说是一

成功企业的密码

个奇迹。

密码透析

泰利诺事件发生后，约翰逊公司立即追回所有泰利诺胶囊并销毁，这的确是明智之举。它避免了有更多的人因药物中毒而身亡的可怕结局，给公众留下了"约翰逊公司对公众生命安全高度负责"的良好印象。而公司为维护公众的利益而宁愿蒙受巨大的经济损失，则赢得了公众的赞誉与同情。

在危机处理过程中，公司充分发挥了新闻传媒的作用。公司设立了专用电话线，并通知了新闻单位；在新闻机构的询问之中，坚持对有关新闻报道进行记录；邀请各有关方面出席电视新闻会议。这些都大大提高了危机处理的透明度，使公众得以了解事件的真相和公司处理事件所采取的措施。通过新闻媒介的宣传，公众消除了对药品的恐惧，舆论对公司的评价也比较公正。

事件发生后约翰逊公司挽救影响最成功的措施之一是召开记者招待会。在记者招待会上，公司负责人解释了悲剧起因，对新闻媒介表示了谢意，还向公众介绍了有抗污染包装的泰利诺新药，可谓"一石三鸟"。

哈佛大学商学院的市场学教授 S. 格瑟对这次事件的成功处理给予了高度评价。他说："这是在市场学里见到的最成功的危机公关处理案例。"

在法国，也发生过类似的事情。法国有一家矿泉水企业，其产品素有"矿泉水之王"的美誉，畅销美、欧、日等国家。但在 20 世纪 90 年代初，美国食品及药物管理局宣布该企业矿泉水含有超过标准 2~3 倍的苯，人们长期饮用可能致癌。这个消息给企业以沉重打击，消息宣布的当天，该企业股票价格就大幅度下跌。企业总裁立即召开记者招待会，宣布将该企业在 1990 年以后生产并经销于各地的矿泉水就地销毁。结果，各地新闻界对此评价很高。这一举措，提高了该企业的知名度，也维护了其形象与地位。

危机可以是恶魔，也可以是天使，就要看你怎么对待。著名专家奥古斯丁先生的一句话："每一次危机的本身既包含导致失败的根源，也孕育

第九章 危机观：把危机看做机会

着成功的种子。发现、培育以便收获这个潜在的成功机会就是危机的精髓。"约翰逊公司和法国那家矿泉水企业的领导人，就是善于发现、培育危机中潜在的成功机会的人，很值得我们学习。

☆可口可乐——不做温水里的青蛙

危机管理效果

我们都知道，如果把一只青蛙放进沸水中，它会立刻跳出来；正是由于它对不良环境的反应十分敏感、迅速，所以才避免了被煮死的命运。但如果把一只青蛙放进温水中，不去惊吓它，它将待着不动；再慢慢加温，青蛙仍显得若无其事，甚至自得其乐，因为它还能够适应水温的变化；当水温上升到一定程度时，青蛙会变得越来越虚弱，最后无法动弹，直到被煮熟。这是因为青蛙身体内部感应生存威胁的器官只能感应出环境中激烈的变化，而感觉不出缓慢、渐进的变化，等水温高到青蛙无法忍受时，它已经没力气跳出来了。

企业也一样，在突如其来的危险面前，大都反应灵敏，能及时采取措施，杀出重围，死里逃生。然而缓慢渐进的危机却容易使一些企业放松警惕、麻痹大意、毫无知觉，结果难逃一劫。所以企业要生存、发展，就必须对危机保持高度警惕，见微知著，防患于未然，而不可做温水里的青蛙，麻木不仁，因逸豫而亡身。

经典案例

1994年，一位美国妇女向可口可乐公司总部打电话投诉说："在我买的可口可乐里发现了一枚别针！如果你们不能给我一个令人信服的解释，我将向联邦法院起诉你们，并将这件事向媒体公布！"

虽然这是件非常意外的事情，也未产生实质性的严重后果，但是，可口可乐高层对此非常重视。因为谁都知道，这样的事若被张扬出去，经媒体炒作，可口可乐百年声誉必然毁于一旦。可口可乐高层特别成立了一

个临时调查小组,连夜奔赴出事地点——位于科罗拉多州的一个名为布瑞英克的小镇。

调查组根据那位妇女的介绍,找到零售店,又顺藤摸瓜地找到批发商,最后确定这瓶内有别针的可口可乐是由位于科罗拉多州乔治城的可口可乐分厂生产的。为了尽快给顾客一个信服的说法,调查组带着那位妇女对这家分厂进行了突击检查,结果发现这家工厂生产条件极佳,干净卫生,工人也极为负责,根本不可能将别针放进可乐里。

问题出在哪里呢?查出来是不可能的了。调查组向那位妇女道歉,请她原谅,并且真诚地说:"您看,我们的生产条件极好,工作纪律非常严格,尤其是各位员工对顾客绝对负责,发生这样的事肯定是个意外。遗憾的是,我们不能查出其中的缘故。但是,请您相信,我们将会进一步加强管理,保证类似的事绝不会再发生。作为对您所受的惊吓的补偿,我们将赔偿您1万美元的精神损失费。同时,为了感谢您对可口可乐的信任和忠诚,我们将邀请您到可口可乐公司总部免费参观旅游。如果您对我们还有什么不满意的地方,请您尽管说,我们一定竭力满足。"

那位妇女对可口可乐公司的处理结果非常满意,最后高高兴兴地去可口可乐公司总部参观去了。

密码透析

冰冻三尺非一日之寒。企业陷入危机有多种原因,或是用人失当,或是决策失误,或是市场陷阱,或是偶发因素。不管是何种原因,并不是一开始就构成危机,而是有一个渐进发展的过程。企业领导者若反应灵敏,抓住苗头,及时处理,是完全可以避免其成为危机的。可口可乐处理那位妇女投诉的例子,充分说明了这一点。面对这样一起普通消费者的投诉,可口可乐公司上层,不是等闲视之,而是看到了若处理不好将会出现怎样的严重后果。所以他们对此非常重视,专门成立调查组,给当事人赔礼道歉和补偿,还让当事人免费参观,态度郑重、真诚,令投诉者非常满意,使公司避免了一场"信誉"危机。

在经济发展的大潮中,很多企业一举成名,但昙花一现,所以在商界有"各领风骚三五年"之说。这并不是说,一个企业的寿命本来就该

如此短暂,而是说,很多企业家由于缺少一种忧患意识,今朝有酒今朝醉,虽然在创业伊始,它们都具有一种不畏艰险的闯劲,可一旦企业发展稳定,就失去了原有的创业精神,对企业的管理逐渐松懈,失去了对危机应有的防范和警惕,当危机突然来临时,也只有坐以待毙,使企业走向衰败,甚至消亡。

20世纪60年代,美国的汽车在北美市场占有巨大的份额,但随着汽车行业的飞速发展,美国的汽车行业在不断发生变化,1962年,日本汽车在美国市场的占有率为4%,美国底特律的三大汽车制造商对此不屑一顾;1967年,日本汽车在美国的占有率为10%,同样也没有引起他们的注意;到1974年时,日本汽车在美国的占有率已经上升到15%,美国人仍然不以为然,认为日本不是他们的对手。直到日本汽车在美国的占有率为21.3%时,美国人才开始检讨分析自己的原因。可是事情已经发生,局面已经很难挽回。到了1989年日本汽车在美国市场上的占有率已接近30%,美国汽车的市场占有率只剩60%左右。美国汽车这只青蛙,将来是否有力气从热水中爬出来,从美国通用汽车公司的破产和克莱斯勒汽车公司的重组来看,人们心中可能已有了答案。

今天,登顶珠峰的企业家王石和被誉为"火星来人"的马云已然站在了中国企业界的巅峰,他们是各自企业的灵魂,同时也是诸多青年的偶像。但正像马云自己说的:"今天很残酷,明天更残酷,后天很美好。但绝大多数人都死在明天晚上,只有真正的英雄才能见到后天的太阳。"这是因为大多数人的身上都有一种惰性,在安逸、舒服、挑战性不强的情况下,他们的危机感会慢慢消失,当危机到来的时候,他们便不能存活,自然就看不到明天的太阳了。

因此,未雨绸缪、居安思危,应该成为每一个企业领导者的座右铭。不要满足于昨天的辉煌、今天的美好,昨天和今天的成功并不能代表明天依然成功。要想使企业长远地发展,企业领导者时刻都要做好面临危机的心理准备,这样一旦危机到来,才能做到临危不乱,镇定自若地应对,使企业顺利渡过难关,重新走上健康发展的道路。

☆雀巢——看不到危机是最大的危机

危机管理效果

2008年的金融危机像一面镜子，照出了企业内部潜伏着的各种问题。不少企业在金融危机面前不堪一击，是因为这些企业内部早就存在严重危机，只是它们平时看不到这些危机，所以当金融危机来临的时候，倒闭是必然的。这就告诉我们，看不到危机才是最大的危机。

经典案例

雀巢公司是全球规模最大的跨国食品公司，具有120多年的历史。它所生产的食品，尤其是速溶咖啡，风靡全球，是其拳头产品之一。然而，就是这样一个饮誉世界的雀巢帝国，在20世纪70年代却险些信誉扫地，"一命呜呼"。

当时世界上出现了一种舆论，说雀巢食品的竞销导致了发展中国家母乳哺育率下降，从而导致了婴儿死亡率的上升。由于当时雀巢的决策者拒绝考虑舆论的批评，依旧我行我素，加上竞争对手的煽风点火，1977年，一场著名的"抵制雀巢产品"运动在美国爆发了。美国婴儿奶制品行动联合会的会员到处劝说美国公民不要购买"雀巢"产品，并批评这家瑞士公司在发展中国家有不道德的商业行为。对此，雀巢公司只是一味地为自己辩护，结果遭到了新闻媒介更为猛烈的抨击。整个危机持续了10年之久，正如美国新闻记者米尔顿·莫斯科维兹所言，"抵制雀巢产品"运动是"有史以来人们向大型跨国公司发起的一场最为激烈和最动感情的战斗"。

直到1984年1月，由于雀巢公司承认并实施世界卫生组织有关经销母乳替代品的国际法规，国际抵制雀巢产品运动委员会才宣布结束抵制运动。

第九章 危机观：把危机看做机会

密码透析

现在回头细想，这场抵制雀巢产品运动是完全可以避免的，问题出在雀巢公司对于来自媒体的种种访问，不管是友好的采访，还是"带刺"的追问，都采取沉默、回避的态度，得过且过。更为糟糕的是，它不能正确地对待消费者的批评建议，甚至对一些有很大影响力的社会人士所提出的严肃的道德问题也采取了冷漠的态度，一味强调所谓的科学性和合法性，结果非但没令人感到公司关心社会公众提出的问题，相反却给人留下了公司不肯让步的坏印象。

这不禁让人想起了关于吸血蝙蝠与野马的故事。在广阔的非洲大草原上，生活着一种吸血蝙蝠，它虽然身体很小，却是野马的天敌。每当它要吸野马的血时，就会悄悄接近野马，然后趴在马腿上，用锋利的牙齿慢慢咬破马腿，把尖尖的嘴插进马腿的伤口中，慢慢吸起血来，当野马感觉到腿部疼痛时，只是用蹄子踢一下，继续垂头吃草。不久，野马感到腿部麻木，而且全身发软，便本能地用蹄子再踢，但已经无济于事了，一切都晚了，一会儿便轰然倒地，在痛苦中慢慢死去。

野马具有强大的身躯与力气，面对狮子、猎豹、豺狼等猛兽的时候，他能拼命地逃跑、反抗，可是当遇到不起眼的吸血蝙蝠时，却没有意识到灾难的来临，最终招致灭顶之灾。

在市场竞争日趋激烈和各种信息混杂的当下，"吸血蝙蝠"在每个企业中都存在着，而且看起来很平常，很多企业即使意识到了，却并没有找到问题的症结，或者对问题的症结没有引起足够的重视。类似野马的危机盲症，可能暂时对那些规模大、实力强的企业来说，不算是太大的问题，但对中小企业来说，"吸血蝙蝠"现象实际上是一个潜伏危机的信号，如果不引起高度重视，潜在的危机累积到一定程度，就会变成显性危机，使企业陷入瘫痪。

现实中，大多数企业对于危机往往是亡羊补牢。其实，最重要的是要预见可能发生的危机，并预防它的发生。著名企业家松下幸之助在总结其企业的成功经验时说过，长久不懈的危机意识是使企业立于不败之地的基础。

成功企业的密码

荣登美国《时代》周刊"风云人物"榜、世界信息产业的巨子、英特尔公司的缔造者格鲁夫在谈到其取得的辉煌业绩时说，只有把那些看不见的危机，屡屡清除，企业才能生存下去。

由此看来，将危机消灭于其潜在状态，是危机管理的最高境界。

第十章 文化观：

企业需要精神的激励

一个成功的企业，一定拥有优秀的企业文化。可以肯定地说，哪个企业拥有文化优势，哪个企业就拥有竞争优势、效益优势和发展优势。一个拥有优秀企业文化的企业，其焕发出来的强大的精神力量，必定会转化为强大的物质力量。

☆蒙牛——不修改目标,只修改手段

文化效果

一个目标确立后,要想实现,就总会遇到各种各样的困难。许多人的做法是,遇到困难就修改目标,因为改动目标最简单。殊不知,目标一动,整个系统都被打乱了。蒙牛的特点是,不修改目标,只修改手段。因为只要目标坚定,"导弹-目标"的自动伺服机制就使手段自然跟上,一切人力、物力、财力,包括人的思维和情感,都向这一目标"自动伺服"。

经典案例

2001年9月,蒙牛制订下一个"五年计划",牛根生将2006年的销售目标锁定在100亿元。消息传出,舆论哗然。因为蒙牛2000年的销售收入不到3亿元,2001年前3个季度才做到6亿元。如此家底,5年"放卫星"到100亿,相当于中国乳业2000年总销售收入的一半,这可能吗?

要知道,乳业是资源型产业,每一点增长最后都要落实到牛上:牧民的奶牛从哪来?企业的厂房从哪来?市场到哪里去开发……这一系列问题,牵一发而动全身。所以,公司内部很多人都认为这个目标"夸张"。甚至有人私下说:老牛疯了,回到"人有多大胆,地有多大产"的"大跃进"年代了。

牛根生说:这还是我"胆子小",如果换了别人当总裁,那可能就不是100亿元,而是200亿元。

在一片怀疑声中,牛根生耐心地做董事们的工作,做高管人员的工作,大家才勉强通过了这个"五年计划"。到了2002年,当蒙牛销售收入达到16.7亿元的时候,大家才开始信服:"不服不行啊,老'牛'识途。"

到了2004年,当蒙牛销售收入攀升至72.1亿元时,大家又仿佛觉得老牛当初订的计划"偏小"了。

2005年,蒙牛销售收入突破百亿大关;2006年达到162亿元;2007年

1月至6月更是"半年突破100亿元"。

回过头来看，2001年要是没有这个"百亿计划"，蒙牛几年来的资源配置情况就不可能那样"大气"，那样富有"扩张性"：盖全球样板工厂，建国际示范牧场，放眼华尔街、携手摩根、开阔香港市场并最终上市……所有这一切，虽然我们不好做"事后诸葛亮"般的评说，但有一点可以肯定，攻坚战和一般的进攻战一定会是两种完全不同的打法。

牛根生解释这个"五年计划"的思考过程时说："只修改手段，不修改目标，目标决定行动。如果你确立的目标是100，就会以100导向行动；如果你确立的目标是60，就会以60导向行动。"

密码透析

以科学方法制定的发展目标，即使遇到再大的困难，面临再大的障碍，只要通过修改执行手段就可以完成。有这样一句话常常被蒙牛人挂在嘴上："有信心不一定赢，但没有信心一定会输。"今天，我们可以再补上一句：如果既有目标，又有实现目标的相应手段，那么就已赢了一半。

在蒙牛，为了实现目标，手段极为强硬。

开会迟到了，哪怕前一分钟你是在接待贵宾，照罚不误，理由是开会安排在先，接待发生在后，不能让众人等一人，不能让临时事务乱了定规。

你领来的客人踩了绿地，你须代他向希望工程捐款50元。理由是：客人不知道企业的规矩，但你不是不知。如果你没有向客人及时告知，责任在你；告知了客人没执行到位，还是等于你没执行到位。

2004年，蒙牛举行了一次全员考试，除督考的总裁、书记两人外，要求参考率100%（分批分次进行）。总裁秘书当天必须出差，请求免试，不允，最后在离出差地最近的考点参加了考试。有位应回总部呼和浩特参加E卷考试的驻京干部，因事务缠身误了当晚的火车，请求就地参加A卷考试，不准，只得赶第二天的早班机，下了飞机又打车50公里，在开考前一刻钟才进了考场……

把制度执行到位，才能向目标靠近。当然这需要一定的额外成本，有时还显得不近人情；然而，破坏制度、漠视规则带来的成本更大。蒙牛正是靠着这种"苛刻"的工作标准，一步步地拉近了与目标的距离。

成功企业的密码

在蒙牛发生任何问题，必须先从自己身上找原因，因为改变自己容易，改变别人难。假使矛盾双方的责任各占50%，那么，你先从改变自己开始，因为当你主动改变后，你会发现对方也会跟着改变，而且这种改变不是同比例的，往往你改变10%后，他会改变30%，所谓"你敬他一尺，他敬你一丈"。万一你改变了50%以后，对方还是一点不变，怎么办呢？你还是要坚持改变自己，因为95%的情形不是这样的。只要你不断地寻找自己的缺点，改变自己，回头再看，"大数定律"的效能就显现出来了：你通过改变自己而改变了世界！

牛根生很推崇一句话：没有任何借口！就是说，我们向着目标前进，是没有借口的，出了问题，不要怨天尤人，一切原因从自己身上找；两军对垒，不要期望对手犯下错误给你机会，要设法使自己立于不败之地；别人打你一巴掌，先不要忙着声讨"打你的手"，而要反省"挨打的脸"……就是蒙牛这种强大的执行力，让蒙牛当了一次乳界"阿甘"：跑啊跑，专注地跑，不停地跑……结果跑成一个"成长冠军"，跑出一个"世界冠军"。

任何企业都不是随随便便就能成功的，它除了要有卓越的战略规划、创新的思路和对资源的有效整合能力外，更要有对目标的执著追求。成功的企业往往无数次修改方法但却不轻易改变目标，就像牛根生说的那样，在危机的时候，如果说这个企业倒下去了，我们仍然会再创造一个，但从来就没想过修改企业的战略目标。目标一旦定了，只修改手段，不修改目标。这就是蒙牛的文化。

☆IBM——带着员工一同上路

文化效果

俗话说，"言传不如身教"。作为企业领导，要想让员工做得更好，再多的说教都没有多大的意义，倒不如身先士卒、以身则，带着员工上路，用自己的行动告诉他们具体该怎么做。

第十章

文化观：企业需要精神的激励

经典案例

1895年10月的一天，一个年轻人到美国全国现金出纳机公司办事，遇到了该公司驻布法罗市营业处的负责人约翰·兰奇先生。他向约翰·兰奇先生表示："我……我希望能当一名推销员。"

"可以一试。"约翰·兰奇先生可没有太多时间跟他废话。年轻人走街串巷，两个星期过去了，一台出纳机也没卖出去。他来到约翰·兰奇的办公室，希望这个前辈能够给予指教。

"哼，我早就看出你不是干推销的那块料。瞧你一副呆头呆脑的样子，还不赶快给我从办公室里滚出去！你呀，老老实实地回家种地去吧。"约翰·兰奇竟然劈头大骂。

此时这个年轻人真是满面羞惭、无地自容。不过，他没有因为被数落而不满，只是默默地站在那里……最后，约翰·兰奇没有再发脾气，转而和蔼地说："年轻人，不要太着急了，让我们来好好地分析一下，为什么没人买你的出纳机。"

约翰·兰奇换了一个人似的，他请年轻人坐下，接着说："记住，推销不是一件轻松容易的事。如果零售商都愿意要出纳机，他们就会主动购买，用不着让推销员去费劲了。推销是一门学问，而且学问很深。这样吧，改日，我和你走一趟。如果我们俩一台出纳机都不能卖出去，你和我都回家种地吧！"

约翰·兰奇没有食言，过了几天，他带着年轻人上路了。年轻人非常珍惜这个宝贵的机会，不放过任何学习的机会。他认真地观察这个老推销的一举一动。在一个顾客那里，约翰·兰奇这样宣传他的产品："买一台出纳机可以防止现金丢失，还能帮助老板有条理地保管记录，这不是很好吗？再有，这出纳机每收一笔款子，还会发出非常好听的铃声，让人心情愉快……"一笔生意就这样谈成了。以后，约翰·兰奇又几次带着这个年轻人出外推销，每次都成功了。

年轻人后来知道，约翰·兰奇那天对他的粗暴，一不是真的看不上他，二不是跟老婆吵架后拿他撒气，而是对推销员的一种训练方式：他先是将人的脸面彻底撕碎，然后告诉你应该怎样去做，以此来激发人的热

187

忧、上进心和志气，调动人的全部潜能和智慧。

这个年轻人从约翰·兰奇那里还学到了忍耐精神和积极的处世原则。1913年，他被人诬陷，被公司老板冷落了好几个月，最后被开除。那一年他39岁。但他决定东山再起，没过多长时间，他负责经营一家只有13个人组成的计算制表记录公司，但并不顺利，几年后，公司几乎破产，靠着大量借贷才熬过了1921年经济衰退的艰难日子。1924年，已经不再年轻的他将公司更名，他希望公司提高眼界，更上一层楼，成为真正具有全球地位的伟大公司。这似乎有点滑稽，听听他的儿子是怎么描述的：

"家父下班回来，拥抱母亲，骄傲地宣布，从此之后，计算制表记录公司改称比较响亮的——国际商用机器公司。我站在客厅的走廊上想到：就凭那家小公司？家父心里想的一定是未来的国际商用机器公司。他实际经营的公司仍然到处是叼着雪茄的家伙，卖的是咖啡研磨机和屠夫用的磅秤。"

以上说的这个人就是IBM的创始人托马斯·约翰·沃森。他成功的法宝，就是他年轻时从约翰·兰奇那里学到的领导方法——带着员工一同上路。

密码透析

1874年，托马斯·约翰·沃森出生。谁也没有看到，这个17岁时赶着马车奔驰在纽约州附近的农村推销货物，被人小看了的乡村货郎，竟然成为IBM这个享誉全球的大公司的奠基人。

他的成功，离不开引路人。约翰·兰奇对21岁的托马斯·沃森先斥责后提携的训练，影响了他一生和他的企业。日后，他成为一个伟大的推销员，并使得IBM成为一个具有非凡推销能力的企业。美国一家杂志说："在企业历史上，IBM公司采取的推销活动，其影响之大是空前的。"

在这里，再一次看到了对新员工进行最基本的心理和技能的训练，对其未来职业生涯的重要性。

培训的方法很多，但不能不承认，约翰·兰奇技高一筹，最难得的不是他的激将法，而是放下书本，将托马斯·沃森带在身边，与年轻人一同上路，在实践中进行身教。

"火车跑得快,全靠车头带。"企业领导者就是决定企业发展方向和速度的火车头,他们应该成为员工的老师、典范和榜样。所以,作为企业领导者,要注意用自己正确的言行举止来影响员工,特别要注重身教,因为身教的感化效果要远远超出言传效果。

☆丰田汽车——接受挑战,才能超越自我

文化效果

不断接受挑战的战略方式,在国际化战略中经常出现,尤其以日本企业最为常见。松下、丰田进军美国,精工表进军瑞士,就是典型的例子。

接受挑战作为一种战略方式,已不仅仅是一种意志和胆略,而且是一种强大的企业文化。很多企业在国际化道路上止步不前,或者败下阵来,是因为它们不懂得"只有接受挑战,才能超越自我"的道理。

经典案例

丰田汽车进入美国,是一个艰难的过程。在这个过程中,丰田人靠的就是不断挑战自己的法则。当时,"一定要打入美国市场"这项挑战性决策已经成为当时丰田人的一种信念,正是凭着这种信念,才使得丰田汽车公司在这场战斗中扭转败局,取得了最终胜利。在丰田之前,德国的大众汽车公司制造的"甲壳虫"牌小汽车在美国的高速公路和大小街道上畅通无阻。丰田公司认为,既然"甲壳虫"小汽车可以进入美国市场,那就没有理由不让别的牌子的小汽车挤进去。于是,"打入美国市场"成为丰田生产部门和销售部门的首要目标。

打入美国的战略目标一发布,丰田汽车公司内部引起了一阵骚动,大家都感到不安。丰田皇冠的发动机是为当时日本的窄路和低速行驶设计的,根本不符合美国人对汽车的性能和持久力的要求。再说,皇冠小汽车的工艺还不一定够得上美国的标准。

的确,丰田皇冠要打入美国市场难度很大。当丰田的皇冠车在美国

高速公路上以每小时80英里的速度试车时,很快就爆发出很大的噪声,汽车的功率也急剧下降。不过,值得赞赏的是,尽管后来在技术问题成堆,丰田公司不得不从美国把车运回日本,丰田公司总部仍然咬紧牙关,执著坚守"不能认输,打入美国市场"的信念。

《我在丰田公司工作的那些岁月》一书的作者加藤在回忆录中这样写道:"除了一种要实现最高理想(打入美国市场)的炽热抱负在支撑着我们以外,别无所有。我们做了一次又一次的努力,坚韧精神也用到了极限,并削弱了自己的竞争能力,我们仍然继续干下去。我们下了决心,每退一步就一定要进两步。"

功夫不负有心人,19年后,丰田公司在美国市场上稳稳地站住了脚跟,在美国也可以骄傲地说:"车到山前必有路,有路必有丰田车。"19年,时间似乎太长,但是对丰田公司来说,它得到了磨炼,实现了自我超越,是值得的。

密码透析

在很多时候,一些企业不能突破瓶颈,走向成功,并不是因为这个企业没有足够的实力,而是因为企业的领导者把困难看得太重,甚至把它无限放大,因此他们被困难吓得止步不前。而有些企业虽然没有足够的实力,但是由于他们不怕困难,勇于克服困难,反而更容易取得突破,最终取得成功。

1975年,松下电器进军美国。要使自己的产品在美国站得住脚,VCR必须能将很长的体育比赛实况录制下来,而当时录像时间最长的是索尼公司制造的长达两个小时的录像机,但是这个时间显然还不够。松下只有在索尼的基础上背水一战了。松下总经理神情自若地对美国经销商说:"松下能够提供录像长达4小时的VCR。"双方当即签订了供货合同。而直到那时,松下甚至还没有生产过录制长达两个小时的机器呢!

随后,公司立刻从有关部门、实验室和分公司广招贤才,把各部门的技术骨干动员起来,经过一段时间的协同作战,终于攻克难关,研制出能录制4~6小时的录像机,奇迹般地在合同规定的时间内交了货。该机一上市,就以比索尼机低15%的价格及比索尼机长2~3倍的录像时间博得了广大消费者的青睐。

有的人认为,松下在从来没生产过能录像长达 4 小时的 VCR 的情况下,竟敢签订供货合同,实在有点冒险。其实,这正是松下的可贵之处。对于松下来说,只要拥有百分之一的可能,他就能拥有百分之百的信心,能够在最短的时间里,完成自己所要达到的目标。

丰田和松下进军美国的案例告诉我们,当你敢于接受挑战,敢于正视眼前的危险和困难时,你会发现,危险和困难并不像想象的那样可怕,只要勇敢地闯过去,就会赢得更多的发展机会,实现自我超越,取得更大的成功。

☆蒙牛——财散人聚,财聚人散

文化效果

"财散人聚,财聚人散。"这句话的意思是说,要真正地实现自己的利益最大化,不能光有自利,还必须利他。"爱别人就等于是爱自己。"

现在有越来越多的人相信它是一个人要获得大成功的法则而自觉地实践着。蒙牛就是其中的代表。

经典案例

蒙牛集团的总裁牛根生,深深悟到了"财聚人散,财散人聚"的真谛,所以他总是不失任何时机把自己手中的钱财分给别人,这是他的蒙牛集团得以迅速壮大的原因之一。

2004 年年底 2005 年年初,蒙牛集团传出了一条令人震惊不已的消息:蒙牛董事长、蒙牛最大的自然人股东牛根生将自己持有的大约 10% 的蒙牛股份全部捐献出来,创立保障蒙牛百年发展的"老牛专项基金"。具体内容如下。

第一,在牛根生有生之年,将股份红利的 51% 转为"老牛专项基金",其余 49% 的红利依然由牛根生本人自由支配,在牛根生卸任董事长职位之后,表决权授予继任者。

第二,在牛根生天年之后,股份全部捐给"老牛专项基金"。家人不享

受财产继承权,妻子、儿女等亲属只领取不低于北京、上海、广州三地平均工资的收入,作为生活费。

其实,这并不是牛根生的第一次散财,他的散财行为屡见不鲜。在2003年非典期间,蒙牛为支持抗击"非典",捐献100万元;抗"非典"之役结束后,蒙牛又向教师免费赠送蒙牛产品;2008年汶川特大地震发生后,蒙牛集团捐献价值1000万元的牛奶。另外,为了打开产品的销售市场,仅上海一个城市,蒙牛就送出了价值约800万元的蒙牛产品。蒙牛除了散财给消费者,也散财给本企业的职工,为他们解决生活中的实际问题。牛根生的散财举动,赢得了人心、声誉和市场,使蒙牛集团不断创造出一个又一个辉煌。

苏宁电器集团董事长张近东也深谙"财聚人散,财散人聚"这则中国的古训,他说:当你赚1000万的时候,那是你自己的,而当赚更多钱的时候,就是属于社会的,苏宁是社会的,我只是苏宁集团的管理者和责任人。张近东不仅把苏宁的股权分配给南京总部的高层管理者,还根据苏宁分公司每个人的表现,把股权分配给他们,以此作为对他们为公司所做的贡献的奖励。此做法稳定了苏宁各地分公司的管理团队,使这些高管对苏宁有一种发自内心的主人翁责任感,让苏宁的"职业经理人"变成"事业经理人",因此,苏宁集团很少有高层管理人才外流的现象。

密码透析

广东人有一句非常经典的话:"人旺地旺,地旺财旺。"这句话的意思是说,大家喜欢聚集的地方,人气就会旺盛起来,人旺之后这个地方也会"旺"起来,而地"旺"之后,钱财自然会滚滚而来,因此财也就"旺"起来。简单地说,就是"人旺"是"财旺"的前提和基础,而"财旺"是"人旺"的自然结果,只要人旺了,财自然就能旺起来。其实这句话和"财聚人散,财散人聚"的中心意思是一致的。你将财散了出去,那些跟随你的人获得了真正的实惠,过上幸福的生活,他们就会认定你是值得永远跟随的人,就会心甘情愿、忠心耿耿地为你工作,这时你自然而然地聚到人才;只要有大量的人才聚集在你的身边,大家齐心协力,就可以干出一番事业,"财旺"也就是早晚的事。相反,你将所有的钱财都聚集在自己的手里,和你一起创业打天下的人,辛辛苦苦,却没有得到应有的回报和好处,你最终将自吞众叛亲离的苦果;人才流失、事业衰败,还谈什么"财旺"?

"财散人聚,财聚人散"是牛根生成功的真正秘诀,因为他用散财而达到了吸引人才、凝聚人心的目的,如果他没有坚持这样做,试想蒙牛成立时,伊利的三四百名在这个行业已干了十多年的人才是否会跟过来?是否会有由这些人才共同创造的蒙牛神话?是否会有这帮人帮助牛根生赚到的已经捐给老牛基金的价值25亿元的财富?

王富就是那三四百人中的一个。他当时担任伊利冰淇淋公司销售部副部长,在1998年的牛根生风波中,属于两边不靠的"第三阵营"。1999年4月,他决定加盟蒙牛。伊利工资高,企业大,而蒙牛才刚刚创立,将来的发展还是个未知数。王富为什么会作出这样的抉择?是否会因小失大?王富为什么会相信并未打过交道的牛根生?是否在进行一场胜负难测的赌博?面对人们的种种疑问,王富的回答是:虽然他没有与牛根生打交道的机会,但牛根生所说的话、所做的事,他十分清楚。牛根生是一个值得信任的人。

任何一个企业的经营者都应该明白,别人跟着你,都有一定的经济目的和利益追求,说得长远一点,别人聚集在你的身边,是因为你可以给他以希望,他们希望在你的带领下实现自己的梦想和目标;说得现实一点,别人聚集在你的身边,希望通过自己的努力劳动换取一定的物质回报,使自己过上富足的生活。如果你总是把钱财紧紧地攥在自己的手中,不给别人以满意的回报,他们无法在你这儿实现自己的理想,就会很快离你而去。每个企业家都应懂得"财散人聚,财聚人散"的道理。

文化观:企业需要精神的激励

☆Pampero 番茄酱——在细节里见真功夫

文化效果

在产品严重同质化的当今时代,你只有把你的产品或服务打造成"精

品"或"一流"才能被客户所欣赏和接受。这就需要更加注意细节,并且在保证质量的同时,在制作工艺或工序上也要有独特之处。

消费心理学告诉我们,当产品在制作工艺或工序上采用某种"神奇"的手段或程序时,消费者就愿意相信该产品一定具有神奇的功效,但是无论采取什么样的程序,都脱离不了"细节"这两个字,而且1％的细节决定100％的生意。

经典案例

西方人一般都爱吃番茄酱,委内瑞拉人由于受到美国的"文化熏陶",也逐渐放弃了他们食用了几千年的"土著食品",开始迷恋上了番茄酱。

Pampero番茄酱是委内瑞拉的一个大品牌,做得非常成功,是委内瑞拉重要的经济支柱。随着国家市场对外开放,亨氏、德尔蒙等世界级番茄酱品牌陆续进入委内瑞拉,很快将Pampero踢出了第一阵营。

西红柿实在是没有什么不同的特性,你用的原料是西红柿,我用的也是西红柿,如此看来,给番茄酱定位,似乎是一件很难的事。Pampero公司要如何才能捍卫本土市场,避免遭到这些大品牌的颠覆呢?

一个偶然的机会,Pampero公司发现它的番茄酱与亨氏、德尔蒙这些国际大品牌的颜色不太相同。通过调查他们了解到,这是制作方法的原因:那些大品牌在自动处理生产线上直接把番茄搅碎做成酱;而Pampero公司在搅碎番茄之前,则要把番茄逐个进行人工去皮,这个过程非常耗时耗力。Pampero公司之所以能够这样大方地"不计成本",得益于自己的国家是发展中国家,人力成本相对较低。但这种优势并不可靠,Pampero公司不能把这个当成自己的唯一优势,因为跨国公司同样可以在发展中国家设厂,甚至不用设厂而通过寻找和扶持当地的代理工厂,来实现同样的低成本制造。

Pampero公司起初打算引进不去皮的自动化生产流程,以使企业告别落后的生产方式,迈向现代化制造的门槛。但它后来觉得没有必要跟在别人后面"跑龙套"。理由有三条。

第一,Pampero可以把生产效率低上的"劣势",转化成营销上的"优势",其方法就是在细节上下工夫——在消费者心中建立品牌的差异性

地位。

第二，导致Pampero公司效率低的独特的制作方法——手工剥皮，本身就蕴涵着一个定位——最高级的番茄酱。

第三，当今的人们越来越渴望回归自然，品味"原始"的美好。因此，Pampero不必急着制订什么现代化计划，而应该坚持自己的特色——纯手工去皮。

当然，仅有这样的理念还远远不够，还需要有效的支持点，才能得到消费者认同。发展中国家的人们通常认为进口品牌会更高级，所以Pampero公司最重要的工作，是要让消费者亲自感受并相信这个用原始方法制作的番茄酱才是最高级的。

为此，Pampero公司制订了一套传播方案，以其独特的制作方法与颜色作为有力的定位支持点。并推出了这样一则广告：我们采用精心挑选的番茄为原料，并手工去皮，运用这种传统的纯手工艺（而不是用冷冰冰的机器），制作出最高级的番茄酱——Pampero！您可以从Pampero番茄酱与众不同的颜色与口味中，发现它与众不同的价值。

就这样，Pampero以制作最高级番茄酱的厂家身份成功地阻击了亨氏、德尔蒙这些国际大品牌在委内瑞拉的扩张，重新坐上了国内老大的交椅。

密码透析

企业的产品或服务越是独具特色，就越有竞争力。Pampero番茄酱的成功，与其产品独特的制作方法——纯手工去皮，并以此作为产品定位是分不开的。当然这一切都跟细节有着密切的关系。如果Pampero不注重细节，就不会发现Pampero番茄酱在亨氏、德尔蒙等世界级番茄酱品牌打压下，竟然还有一片属于自己的蓝天；如果Pampero番茄酱不注重细节，就算发现了蓝天，也不可能充分利用这一片蓝天。

为什么很多中国企业花费大量经费去学习西方的管理经验和方法，无论是派人出国考察，引进西方管理人员，还是每年不断增加企业培训课程，重金聘请培训讲师，最终都收效甚微？恐怕与这些企业的工作作风粗疏、不注重细节有很大关系。有些企业的产品工艺粗糙、质量低劣，竞争

不过同类产品,也是因为轻视细节造成的。

所以,一个企业要成功,就必须树立一种严谨些、再严谨些,细致些、再细致些的工作作风,改变心浮气躁、浅尝辄止的毛病;大处着眼,小处入手,以精益求精的精神,把粗做细,把细节做精。

☆海尔——有缺陷的产品就是废品

文化效果

企业之间的竞争,就是产品质量的竞争。谁忽视产品质量谁就不能在市场上站稳脚跟。"优胜劣汰"永远是市场运行的法则。

海尔洗衣机、冰箱双双入选,成为中国洗衣机行业第一个世界名牌。10年的持续高速发展,海尔洗衣机究竟有什么奥秘?奥秘就在于质量。海尔决策层始终认为,质量是品牌的生命线。在海尔洗衣机创业之初,这种意识就在员工的头脑中牢牢扎根了。至今,一个被海尔人称为"毛刺事件"的案例还清晰地留在人们的脑海中。

经典案例

1985年的一天,刚到厂任总经理不久的张瑞敏,从用户来信中了解到:工厂生产的冰箱有质量问题。于是,张瑞敏对仓库进行了检查,发现仓库里还有76台不合格的冰箱。在研究处理办法时,很多人的意见是把这些冰箱作为企业福利降价处理给员工。

但是,张瑞敏作出了一般人想也想不到的决定:召开全厂职工现场会,把76台冰箱全部砸掉,而且谁生产的冰箱由谁来砸。

此决定一宣布,工厂上下议论纷纷,不少老工人流下了眼泪。因为1985年,海尔当时还是个亏损企业,如果76台冰箱不砸,作为企业福利降价处理给员工,能够解决不少人一个月的工资呢!再说,当时冰箱还是非常紧俏的产品,不要说正品,就是次品也是要凭票买的。如此"糟践",大家怎不感到心疼呢?

但张瑞敏心里明白：如果这次放行这些质量有问题的产品，就等于姑息大家可以生产这样有缺陷的产品，那还谈什么树立质量意识！企业照此发展下去，就会出现这样的一种情况：今天不合格的冰箱是76台，明天就可能是760台，后天就可能是7600台。所以，必须强制把这些不合格的冰箱砸毁，使全厂上下都受到一次深刻的教育。因此，尽管当时有那么多人反对，但张瑞敏仍然不改初衷。

就这样，员工们一个个流着眼泪抡起大锤砸了自己生产的不合格冰箱。这一砸，砸出了海尔人的"精细化、零缺陷"质量意识，砸出了"生产不合格产品就是不合格的员工"的观念，砸出了员工的高度责任心和"要干就干最好"的高标准，砸出了中国电冰箱历史上的第一块金牌。这就是传为美谈的海尔砸冰箱的故事。

从此，"有缺陷的产品就是废品"就成了海尔人的一个重要生产理念。一女工下班回家以后，忽然觉得装最后一台冰箱时，好像未放进说明书。当时，天色已晚，市公共汽车已没有了，家离工厂又比较远，于是，她就让她妈妈陪着她步行40多分钟回厂去查看，当她看到说明书确实已经装进去了，悬在心里的一块石头才算落了地。

1999年9月28日，张瑞敏在上海召开的《财富》论坛上说："这柄大锤对海尔今天走向世界，是立了大功的！"

有人说，海尔砸冰箱在中国企业管理中产生的作用，不亚于当年美国福特汽车流水线的改革。

今天，这一柄为海尔名牌战略立下大功的大锤已经摆在了海尔的展览大厅里，它仿佛每时每刻都在向人们解读着海尔在2005年度《世界品牌500强》排行榜中，名列世界品牌百强第89位是怎么取得的，解读着海尔的名牌兴企之路。

密码透析

产品质量是一个绝对严肃的话题，不存在任何侥幸。这个问题说说容易，做起来却很难。张瑞敏的高明之处在于，通过增强员工的质量意识和严格的质量管理来确保产品的高质量。砸76台不合格电冰箱的深意就在这里。

成功企业的密码

作为具有战略眼光企业家的张瑞敏,看到了随着社会的发展和科技的进步,顾客对产品和服务的期望只会越来越高,企业间的竞争也不断加剧,这一切都对企业的产品质量和服务质量提出了更高的要求。的确,质量已经成为增加市场占有率的关键因素,企业想占领市场,就必须在产品质量上下工夫,次级的产品想在苛刻的市场和顾客面前赢得一丝生存空间都已不再可能。有两句话说得很深刻:"没有质量,一切都是负数。""质量就是生命,产品等于人品。"社会发展与科技进步对各种产品都提出了新的要求,而在电子产品中体现得尤为突出,其不合格率由过去的百分率、千分率的数量级,降低到百万分率,乃至十亿分率的水平。

张瑞敏能够力排众议,不为眼前利益所迷惑,从种植新理念和企业长远利益出发,不改初衷,坚决砸掉不合格的冰箱,看起来当时是少卖很多钱,但从长远看,它使"生产不合格产品就是不合格的员工"的新的质量意识一下子就树立起来了;使"有缺陷的产品就是废品"的新的生产理念一下子就树立起来了,从而把"名牌兴企"的战略落到实处。后来,海尔生产的产品,被全国消费者协会认定为质量信得过产品,原因就在这里。我们学习海尔,就要学习张瑞敏的战略眼光,不做目光短浅的人;学习他善于种植新理念,不做思想保守的人。如果还是采取"头痛医头、脚痛医脚"的老办法,"质量是企业的生命"这句话就是喊上一千遍也没有用。

☆万宝路——一切都需统一

文化效果

对于一个企业来讲,每一次的品牌宣传推广都不应是孤立的,而应是各次宣传推广之间都有一种内在的联系。如果把一次次的推广比作一颗颗晶莹剔透的珍珠,它们之间的联系就是一根长长的线,只有用这条线把所有的珍珠串在一起,才可以组成一条闪闪发光、耀眼夺目的项链,这就是品牌传播中所谓的"项链定律",其含义为持续而统一的品牌传播是一

第十章

文化观：企业需要精神的激励

个品牌成功的不二法则。

经典案例

著名的万宝路香烟，一直以来都是以赞助体育活动作为品牌宣传推广的方式。万宝路公司总是积极主动地赞助世界上各种重大的体育活动，以树立自己的品牌形象，尤其是它因为赞助了国际一级方程式车赛，使自身的名气大增。在众多人的心目中，一级方程式车赛是一种象征自由、奔放、竞争，具有挑战性的体育活动，这刚好和万宝路品牌形象塑造的"男子汉形象"相吻合。一级方程式车赛所表现的风采正是万宝路牛仔具有并始终坚持的精神，对品牌的宣传具有巨大的推动作用。除了赞助国际一级方程式车赛之外，万宝路还赞助了其他体育比赛活动，如足球比赛、摩托车比赛、汽车比赛、滑冰比赛等，所有能够获得万宝路赞助的活动都具有一个共同的特点，即都象征着奔放、自由和挑战性。万宝路从来不搞和自己的形象宣传毫无关系的赞助，而是竭力寻找适合自己的风格、代表自己品牌形象的推广机会，它认为不适合自己的品牌推广不仅是一种资金的浪费，更会破坏自己的形象定位，使自己失去品牌的统一性。

密码透析

约翰·克里在2004年的美国总统竞选中失败了。原因是什么？在许多观察家看来，约翰·克里期望得到所有选民拥护的想法和不断变换立场的做法是他最终落选的主要原因。前一刻，他还在为环保议题慷慨陈词，对支持者说，自己真的不喜欢耗油的越野车，因为这种车对环境有很大的危害，但接下来他又为自家耗油的越野车辩护。在一次记者会上，当被问到他是否拥有一辆雪佛兰越野车时，约翰·克里回答道："我没有，家里有一辆，但不是我的。"

人需要有明确的定位，才能给人留下深刻印象，让人一见难忘。东一榔头、西一棒槌，顾左右而言他，没有一个清晰的形象，没有一个深刻的记忆点，最终只能泯没于公众之中。

人如此，品牌亦如此。品牌推广失败的典型例子就是七喜，七喜自上市以来，就没有形成自己的品牌定位，总是在市场的变化中摇摆不定。在

20世纪30年代，它的定位是"消除胃部不舒服的良药"；到了40年代，又定位成"清新的家庭饮料"，后来又不断地改变自己的品牌形象。因为它总是跟着市场形势的不断变化进行毫无目的的广告宣传，始终不具有自身品牌的统一性和宣传的持久性，所以消费者始终不明白七喜究竟是什么样的饮料，有人认为它是一种专业调酒的饮料，也有人认为它是治病的药液。

直到1968年，七喜才算有了明确的定位——"非可乐"。这使七喜赢得了良好的市场反应，销售量也直线上升，排在美国饮料市场的第三位，仅次于可口可乐和百事可乐。但是，"非可乐"的定位没有坚持多久，七喜又开始频繁地改变自己的宣传风格，最初是以"七喜随着美国欣欣向荣"为主题进行形象宣传，后来由于消费者担心饮料中的咖啡因会对身体造成危害，七喜又改变了自己的风格，打出了"从来没有，永远也不会有"（不含咖啡因）的广告词。正是七喜这次错误的广告推广，使它的销售量急剧下降，这时它决定改回原来"非可乐"的定位，但为时已晚。最终七喜自食苦果，被其他的公司合并收购。

很多的企业都误认为，老是以一种形象在消费者面前出现，会给消费者带来一种老套、过时的感觉。其实，当你重复不断地以同一种形象出现时，才会给消费者留下深刻的印象，使消费者记住你、选择你。如果把一次次的推广都作为孤立的事情看待，认为相互之间没有统一性和联系性，这意味着你的产品没有品牌的积累，每一次都是从零开始，这不符合品牌推广中的"项链理论"。

在品牌推广的过程中，企业只有注意品牌宣传的持久性和统一性，把每一次的品牌推广作为一颗珍珠收藏起来，最终把众多的珍珠用一条线连接起来，才能组成一条长长的闪闪发光的项链。而连缀每颗珍珠的长线，就是它们之间代表同一主题的主线。